大学生就读经验

——基于湖南省的实证研究

COLLEGE STUDENT
EXPERIENCES RESEARCH
——EMPIRICAL STUDY IN HUNAN PROVINCE

郭丽君 等◎著

图书在版编目（CIP）数据

大学生就读经验：基于湖南省的实证研究/郭丽君等著 . —北京：经济管理出版社，2016.6
ISBN 978-7-5096-4352-5

Ⅰ.①大… Ⅱ.①郭… Ⅲ.①高等教育—研究—湖南省 Ⅳ.①G649.2

中国版本图书馆 CIP 数据核字（2016）第 074947 号

责任编辑：郑　亮
责任印制：黄章平
责任校对：超　凡

出版发行：经济管理出版社
　　　　　（北京市海淀区北蜂窝 8 号中雅大厦 A 座 11 层　100038）
网　　址：www.E-mp.com.cn
电　　话：（010）51915602
印　　刷：北京九州迅驰传媒文化有限公司
经　　销：新华书店
开　　本：720mm×1000mm/16
印　　张：12.75
字　　数：192 千字
版　　次：2016 年 6 月第 1 版　2016 年 6 月第 1 次印刷
书　　号：ISBN 978-7-5096-4352-5
定　　价：49.00 元

·版权所有　翻印必究·

凡购本社图书，如有印装错误，由本社读者服务部负责调换。
联系地址：北京阜外月坛北小街 2 号
电　　话：（010）68022974　邮编：100836

前　言

质量是高等教育可持续发展的基本条件，是培养高质量人才的根本保证，也是赢得社会声誉的重要前提。在高等教育大众化不断推进的背景下，提供优质的本科教育，提升高等教育质量，成为国内和国际高等教育共同关注的议题。面对不断令人堪忧的教育质量，政府、社会组织、投资机构、学生、家长和其他高等教育利益相关者纷纷对高校提出问责，要求高校提供令人信服的质量证据以证明其办学成效。而对于院校自身而言，院校必须收集有效的证据向社会证明其办学质量以获得更多的拨款和资助及更优质的生源。在这样的背景下，如何有效地评估高等教育质量，以回应社会问责并能为高校教育教学改革和学术政策的制定提供依据就成为时代发展的必然要求。

从美国传统的院校评估经验来看，基于资源等办学条件指标对评估教育质量的有效性极为不足，而基于声誉、毕业率等办学结果指标的评估则难以诊断本科教育的问题，这些评估对大学教育质量中真实存在的问题——院校为提高学生学习做过什么及做得如何，没有给出任何有意义的回答，因而对指导本科教育改革无法提供实质性的帮助。随着高等教育从"知识中心论"和"教师中心论"向"以学生为中心"理念的转变，人们逐渐认识到，高等教育最为本质的活动始终是培养学生，高等教育的质量首先是学生的发展质量，对高等教育质量的评估也应回归到评估学生的发展质量上，如学生在认知、技能、态度等方面的学习成果。

这一高等教育质量评估范式的转变使大学生问卷调查在众多高等教育质量评估方法中脱颖而出。1979年由印第安纳州立大学研发编制并历经多次修订的《大学生就读经验问卷调查》（CSEQ）将学生在大学期间的就读经验作为表征学习产出的参考指标和正相关变量，学校通过调查研究，全面系统地掌握人才培养的过程和结果，及时调整相关做法以丰富学生的就读经验，提高学生学习效果。因此，CSEQ将学生在大学期间的学习生活和就读经验与高等教育质量成果关联在一起，很大程度上影响了高等教育质量评估从关注大学教育结果到同时关注大学教育过程的转变，成为学生调查工具中使用最广泛的研究工具之一。

我国高等教育同样面临着如何选择合适的因素和方法来评估大学教育质量的问题。教育部于2003~2008年启动的本科教学工作水平评估作为一种综合性的评估，试图从全局上把握被评估高校的整体办学水平，但这种评估方式在很大程度上代表了我国传统高等教育质量保证体系的设计思路，其关注点主要集中于高校的资源投入或科研产出，以外围因素和结果为导向，对于提高高等教育质量的效果有限。继本科教学工作水平评估之后，国家实施的"高等学校本科教学质量与教学改革工程"开启了高校自我评估的内部质量保障模式，但这一模式仍以资源声誉观为主导，对学生成长和发展并无直接影响，并不能反映教育教学的实际效果。因此，我国高等教育质量评估有必要借鉴CSEQ的理念和思路，将关注点从教育外围条件和教育结果转移到教育质量的核心因素——学生发展质量上来。

本书在对湖南省高校大学生就读经验数据进行统计和分析的基础上，描述了大学生就读经验现状并分析了其影响因素，同时通过对研究型大学和教学型大学两类不同层次院校学生就读经验的交叉对比分析，探寻不同类型高校的大学生就读经验的共通性和差异性，呈现大学生学习与收获的不同样态，试图为我国高等教育质量评价提供一条可能的路径。

本书得到湖南省教育科学"十二五"规划重点项目（XJK012AGD007）、湖南省社会科学基金"百人工程"项目（14BR12）、湖南省高校2014年

前 言

质量是高等教育可持续发展的基本条件,是培养高质量人才的根本保证,也是赢得社会声誉的重要前提。在高等教育大众化不断推进的背景下,提供优质的本科教育,提升高等教育质量,成为国内和国际高等教育共同关注的议题。面对不断令人堪忧的教育质量,政府、社会组织、投资机构、学生、家长和其他高等教育利益相关者纷纷对高校提出问责,要求高校提供令人信服的质量证据以证明其办学成效。而对于院校自身而言,院校必须收集有效的证据向社会证明其办学质量以获得更多的拨款和资助及更优质的生源。在这样的背景下,如何有效地评估高等教育质量,以回应社会问责并能为高校教育教学改革和学术政策的制定提供依据就成为时代发展的必然要求。

从美国传统的院校评估经验来看,基于资源等办学条件指标对评估教育质量的有效性极为不足,而基于声誉、毕业率等办学结果指标的评估则难以诊断本科教育的问题,这些评估对大学教育质量中真实存在的问题——院校为提高学生学习做过什么及做得如何,没有给出任何有意义的回答,因而对指导本科教育改革无法提供实质性的帮助。随着高等教育从"知识中心论"和"教师中心论"向"以学生为中心"理念的转变,人们逐渐认识到,高等教育最为本质的活动始终是培养学生,高等教育的质量首先是学生的发展质量,对高等教育质量的评估也应回归到评估学生的发展质量上,如学生在认知、技能、态度等方面的学习成果。

这一高等教育质量评估范式的转变使大学生问卷调查在众多高等教育质量评估方法中脱颖而出。1979年由印第安纳州立大学研发编制并历经多次修订的《大学生就读经验问卷调查》（CSEQ）将学生在大学期间的就读经验作为表征学习产出的参考指标和正相关变量，学校通过调查研究，全面系统地掌握人才培养的过程和结果，及时调整相关做法以丰富学生的就读经验，提高学生学习效果。因此，CSEQ将学生在大学期间的学习生活和就读经验与高等教育质量成果关联在一起，很大程度上影响了高等教育质量评估从关注大学教育结果到同时关注大学教育过程的转变，成为学生调查工具中使用最广泛的研究工具之一。

我国高等教育同样面临着如何选择合适的因素和方法来评估大学教育质量的问题。教育部于2003~2008年启动的本科教学工作水平评估作为一种综合性的评估，试图从全局上把握被评估高校的整体办学水平，但这种评估方式在很大程度上代表了我国传统高等教育质量保证体系的设计思路，其关注点主要集中于高校的资源投入或科研产出，以外围因素和结果为导向，对于提高高等教育质量的效果有限。继本科教学工作水平评估之后，国家实施的"高等学校本科教学质量与教学改革工程"开启了高校自我评估的内部质量保障模式，但这一模式仍以资源声誉观为主导，对学生成长和发展并无直接影响，并不能反映教育教学的实际效果。因此，我国高等教育质量评估有必要借鉴CSEQ的理念和思路，将关注点从教育外围条件和教育结果转移到教育质量的核心因素——学生发展质量上来。

本书在对湖南省高校大学生就读经验数据进行统计和分析的基础上，描述了大学生就读经验现状并分析了其影响因素，同时通过对研究型大学和教学型大学两类不同层次院校学生就读经验的交叉对比分析，探寻不同类型高校的大学生就读经验的共通性和差异性，呈现大学生学习与收获的不同样态，试图为我国高等教育质量评价提供一条可能的路径。

本书得到湖南省教育科学"十二五"规划重点项目（XJK012AGD007）、湖南省社会科学基金"百人工程"项目（14BR12）、湖南省高校2014年教学改革项目的支持。湖南农业大学高等教育学硕士研究生李慧颖、冉静参与了课题的研究，并进行了实证调研，完成了书稿部分内容的撰写工作。

随着我国高等教育质量评估的不断探索和完善，大学生就读经验调查的研究将会引起更多的研究者、高校管理人员、教师和学生的关注。作为一次尝试性的探索，本书还有诸多不完善之处，希望聆听各方指正不断得以完善。

目 录

第一章 绪论 …………………………………………………………… 1
  第一节 研究背景及意义 ………………………………………… 1
    一、国际背景 …………………………………………………… 1
    二、国内背景 …………………………………………………… 3
    三、研究意义 …………………………………………………… 9
  第二节 文献综述 ………………………………………………… 10
    一、国外研究 ………………………………………………… 10
    二、国内研究 ………………………………………………… 16
    三、研究述评 ………………………………………………… 20
  第三节 研究方法 ………………………………………………… 21
    一、文献研究法 ……………………………………………… 21
    二、问卷调查法 ……………………………………………… 21
    三、比较研究法 ……………………………………………… 22

第二章 大学本科教育质量评价：理论基础和现实动因 ………… 23
  第一节 理论发展与概念框架 …………………………………… 23
    一、学生发展理论 …………………………………………… 23
    二、概念框架和测量模型 …………………………………… 30
  第二节 大学生本科教育质量评价的现实动因 ………………… 37

一、美国对本科教育质量的反思 …………………………………… 37
　　二、本科教育质量评价范式的转化 ………………………………… 41

第三章　湖南省大学生就读经验的调查分析 ………………………… 47
　第一节　研究设计 ……………………………………………………… 48
　　一、研究对象 …………………………………………………………… 48
　　二、研究假设 …………………………………………………………… 51
　　三、研究工具 …………………………………………………………… 51
　第二节　研究结果与分析 ……………………………………………… 55
　　一、大学生背景信息情况与分析 …………………………………… 55
　　二、大学生的发展过程情况分析 …………………………………… 58
　　三、大学生的发展成果情况分析 …………………………………… 70
　第三节　大学生发展过程因素对发展成果的影响分析 …………… 72
　　一、学生家庭背景因素对大学生发展成果的影响 ………………… 72
　　二、学校环境因素对大学生发展成果的影响 ……………………… 73
　　三、学生个人因素对大学生发展成果的影响 ……………………… 77

第四章　研究型大学与教学型本科院校学生就读经验的比较分析 … 81
　第一节　研究设计 ……………………………………………………… 81
　　一、问卷设计 …………………………………………………………… 81
　　二、案例学校 …………………………………………………………… 82
　　三、研究对象 …………………………………………………………… 85
　　四、研究的信度与效度 ……………………………………………… 89
　第二节　两类院校大学生就读经验的比较分析 …………………… 90
　　一、教育资源比较 …………………………………………………… 90
　　二、校园活动比较 …………………………………………………… 105
　　三、个人成长收获比较 ……………………………………………… 122

第五章 提高高校教育质量的对策与建议 ········· 130
  第一节 湖南省大学生就读经验与教育质量 ········· 130
    一、湖南省大学生就读经验调查情况总结 ········· 130
    二、研究型大学与教学型大学学生就读经验比较总结 ········· 133
  第二节 增进大学生就读经验，提高高等教育质量 ········· 140
    一、教育思想的转变："以学生为中心" ········· 140
    二、质量评价的转型：重视学生个人发展 ········· 143
    三、深化教学改革，注重学生学习的自主性和积极性 ········· 146
    四、重视同辈群体之间的交往，促进学生健康发展 ········· 150
    五、注重师生之间良好关系的建立 ········· 153
    六、彰显学生管理中的服务理念 ········· 157
    七、重视支持性校园环境的建设 ········· 159
  第三节 教学型大学教育质量提升的策略 ········· 162
    一、明确学校定位，注重内涵发展 ········· 162
    二、关注学生群体，提高本科教学质量 ········· 167
    三、加大教育资源投入，构建学生成长的有益环境 ········· 171

附录 1 大学生就读经验调查问卷（一） ········· 174

附录 2 大学生就读经验调查问卷（二） ········· 180

参考文献 ········· 187

第一章 绪 论

第一节 研究背景及意义

一、国际背景

美国高等教育经过20世纪60~80年代空前的快速发展，完成了从精英化到大众化再到普及化的过程，美国因此也成为世界上第一个进入高等教育普及化阶段的国家。随着高等教育规模和受教育人数的激增，美国高等教育受到了严峻挑战，教育质量明显下滑，社会各界对高等教育产生了广泛质疑，对高等教育质量的可信度更加关注。1980年，《美国世界与新闻报道》对大部分美国公立大学调查显示，学生在学术性测验、大学入学考试及研究生入学考试中的成绩一直呈现下滑趋势。1983年4月，美国教育质量委员会发表了《国家处于危险中：教育改革势在必行》的报告，深刻揭示了美国教育的严重问题和面临的严峻挑战。在这种背景下，美国一些全国性委员会陆续发布了许多针对高等教育的专题报告，其中代表性的报告有：《回归传统：关于高等院校通识教育的报告》(To Reclaim a Legacy: A Report on the Humanities in Higher Education, 1984)、《参与学习：发挥美国高等教育的潜力》(Involvement in Learning: Realizing the Potential of American Higher Education, 1984)、《大学课程的道德规范：关于学术社区的报告》(Integrity in the College Curriculum: A Report to the Academic Community, 1985）。这些掷地有声的报告都不约而同地指向了美国高等教育质量特别是本科教育人才培养质量显著下滑的问题①。

1998年，美国卡内基促进教学基金会博耶本科生教育委员会发表了《重建本科生教育：美国研究型大学发展蓝图》的报告。报告中指出，美国的研究型大学因其研究成果的数量和质量成为全球大学的翘楚。每年全美32%的本科毕业生从占学士学位授予高校6%的研究型大学毕业。但是，在大多数研究型大学读本科的学生很少能参与研究，研究型大学并没有将本科生教育与它们最为推崇的研究活动结合起来。大学教师普遍重科研、轻教学，特别是本科生教学，把本科教育看做是不能带来学术回报的多余的、乏味的责任。学生们对班级规模过大、教授授课时数太少及没有受过培训的助教等问题怨声载道，研究型大学高昂的学费、良好的声誉与本科教育质量的低下形成强烈的对比。本科毕业后，学生们常常选择读MBA或者直接就业，很少有兴趣在文理科方面继续攻读更高的学位。许多毕业生缺乏对知识的整体把握，对各类知识和信息之间的联系一知半解，并且缺乏逻辑思考及清楚地写作和演讲的能力②。报告对美国研究型大学本科生教育的质量敲响了警钟，并提出了相应的行动建议，受到美国高等教育界和全社会的重视。

随着公众对高等教育办学质量的关注，以及在高等教育的耗资越来越巨大且高额学费成为美国家庭难以承受之重的背景下，政府、社会组织、投资机构、学生、家长和其他高等教育利益相关者纷纷对高校提出问责，要求高校提供令人信服的质量证据以证明其办学成效。对于院校自身而言，院校必须收集有效的证据向社会证明其办学质量以获得更多的拨款和资助及更优质的生源。在这样的背景下，原有的教育评估机制——高等学校

---

① 黄美娟. 美国"全国大学生学习性投入调查"（NSSE）研究 [D]. 上海：上海师范大学硕士学位论文，2014.

② The Boyer Commission on Education Undergraduates in the Research University. Reinventing Undergraduate Education: A Blueprint for America's Research University [EB/OL]. http：//naples.cc.sunysb.edu/Pres/boyer.nsf，1998.

认证评估已经无法满足大众的需要，要求改革美国高等教育质量评估的呼声也日益增强。

二、国内背景

1. 高等教育大众化的发展

"高等教育大众化"（Massification of Higher Education）是一个内涵丰富且随着时代发展而不断加深的概念，它有广义和狭义之分。广义的概念是指某个国家高等教育从培养少数精英逐步向培养各行各业专业人才过渡直至向社会全体公众普及的发展过程，这一过程包括精英、大众、普及三个阶段；狭义的高等教育大众化是指跨入大众阶段的某个国家高等教育的量和质的特征的总和。无论是广义还是狭义，它都集中地反映了一个国家或地区高等教育从量变到质变的发展过程，本书在狭义的范畴内使用这一概念。

美国著名的教育社会学家马丁·特罗（Martin Trow）"三段论"学说是有关高等教育大众化的经典理论。他以高等教育的毛入学率为衡量指标，认为当一个国家的高等教育毛入学率不足15%时，该国高等教育处于精英教育阶段；毛入学率在15%~50%时，处于大众高等教育阶段；毛入学率超过50%，该国进入普及高等教育阶段。他进而指出："一些国家的精英高等教育，在其规模扩大到能为15%左右的适龄青年提供学习机会之前，它的性质基本上不会改变。当达到15%时，高等教育系统的性质开始改变，转向大众型。如果这个过渡成功，大众高等教育可在不改变其性质下，发展规模直至其容量达到适龄人口的50%。当超过50%时，即高等教育开始快速迈向普及时，它必然需要再创新的高等教育模式。"马丁·特罗也指出，三个阶段的划分标准没有任何数学工具的支撑，而是基于他长期从事高等教育研究经验的逻辑判断①。在马丁·特罗看来，高等教育大众化这一概念不仅意

---

① 邬大光. 高等教育大众化理论的内涵与价值——与马丁·特罗教授的对话［J］. 高等教育研究，2003（6）.

味着高等教育量的变化，同时更包括教育观念的转变，教育功能的扩大，培养目标和教育模式的多样化，课程设置、教学方式与方法、入学条件、管理方式及高等教育与社会的关系等一系列"质"的变化。在向不同阶段过渡的过程中，高等教育体系的结构性特征只有实现向新模式的转换，才能从真正意义上实现阶段的转型①。

在 1997 年之前，我国高等教育的发展不仅远低于西方发达国家，也达不到发展中国家的平均水平，高等教育毛入学率仅为 5% 左右。随着我国经济发展速度的不断加快，经济发展对人才的需求不断加大。为适应经济发展对高等教育的需求，我国在 1999 年颁布了《中共中央国务院关于深化教育改革全面推进素质教育的决定》，通过了积极发展高等教育、扩大高等教育规模的重大决议②。1999 年教育部公布的《面向 21 世纪教育振兴行动计划》中提出力求到 2010 年，高等教育毛入学率接近 15%③。在 2002 年我国高等教育毛入学率达到 15%，进入国际公认的大众化阶段。2012 年全国各类高等教育总规模达到 3325 万人，高等教育毛入学率达到 30%④。扩招后的 10 年来，我国高等教育发展迅猛，规模增长显著，在一定程度上满足了经济发展对人才的需求、对高等教育的需求，促进了经济的增长。但是，高等教育数量的急速增长并没有对应相应质量的提高，高等教育的质量问题引起广泛关注，成为各个阶层人们讨论的热点问题。

2. 高等教育质量观的重塑

马丁·特罗在总结发达国家大众化进程规律时，指出随着数量的增长必然要引起质量的变化，认为大众化这一概念本身的内涵就包含了量的增长和

---

① 马丁·特罗. 从大众高等教育到普及高等教育 [J]. 北京大学教育评论，2003 (4).
② 中共中央国务院关于深化教育改革全面推进素质教育的决定 [EB/OL]. http://www.jyb.cn/mfo/jyzck/200602/t20060219_10716.html，2006-02-19.
③ 国务院批转教育部《面向 21 世纪教育振兴行动计划》的通知 [EB/OL]. http://gov.hnedu.en/web/0/200808/29112231562.html，2008-08-29.
④ 教育部. 2012 年全国教育事业发展统计公报 [EB/OL]. http://news.xinhuanet.com/edu/2013-08/17/c_125187624_2.htm，2013-08-17.

质的变化,只相信规模的扩大而不相信或者无视高等教育办学方向等质的方面的变化,则"无法解决增长所引起的问题",其最后的抉择只能是"要么进一步增长,要么停止增长"。进一步增长必然要冲破传统的精英教育办学思想和模式,而停止增长则意味着落后于时代。马丁·特罗把这种既赞成大众化又企图保守传统思想与模式的人称为"传统主义者—扩张主义者"。

我国在迈入高等教育大众化时期后,高等教育精英化阶段单一的质量观已不能适应高等教育发展的需要。截至2012年,我国高等教育毛入学率达到30%,普通高校中本科院校1145所,普通本科学校全日制在校生平均规模13999人[①]。我们不能用某一种质量观来指导1145所高校的发展,而要分门别类有针对性地区别对待。不同的高校由于定位不同,办学目标不同,不能用简单划一的质量标准来衡量教育质量的高低优劣。高等教育大众化的前提是办学模式的多样化,而其核心则是教育质量的多样化。办学模式的多样化包括:办学的层次与类型、培养的目标与规格、课程与教学内容的多样化。质量的多样化是指要树立多样化的质量观和确立多样化的质量标准。在我国已迈入高等教育大众化的历史时期以后,我们必然要树立多样化的质量观。"多样性在高等教育中是至关重要的,这不仅因为它可以使教育体制适应学校和社会的需要,还因为不同组成部分的差异会带来稳定,而稳定又能保护这一体制本身[②]。"

多样化是指高等教育系统的"多层面"和"多样性"。"多层面"是指纵向多层次,高等教育系统有着复杂的层次结构。目前我国高等教育系统就存在多层面、多类型的大学:既有若干所争创世界一流的大学、带有研究生院的大学、"211"工程建设高校、部委属院校、省属重点本科院校、省属一般本科高校、公办专科学校,也有民办本科和专科学校、专业学历办学机构等。从上述这些院校所承担的学历教育层次来看,既有研究生教育(含博士生教育和硕士生教育),也有本科教育和专科教育;从其办学的目标和

---

① 教育部. 2012年全国教育事业发展统计公报 [EB/OL]. [2013-10-11]. http://www.moe.gov.cn/publicfiles/business/htmlfiles/moe/moe_1485/201308/xxgk_155798.html, 2013-08-16.

② 菲利普·G. 阿特巴赫. 亚洲的大学:历史与未来 [M]. 邓红风译. 青岛:中国海洋大学出版社, 2005.

定位来说,既有研究型大学,也有一般本科院校和大量高等职业技术院校。

"多样性"是指横向多类型,既有国立公办大学,也有大量民办私立高校;既有普通全日制大学,也有各种继续教育机构和现代远程教育机构。更为重要的是衡量人才培养质量标准的多元化。对于研究型大学来说,主要以培养学术性研究型人才和一大批拔尖创新人才为主,承担大众化时代的精英教育责任;对于一般性院校来说,主要以培养理论应用型人才和各类专门人才为主;对于大量的高等职业技术学院来说,主要培养技能职业型人才,造就高素质的劳动者。

多样化的质量观是指"多样的高等教育应有各自的培养目标和规格,从而也应当有多样化的教育质量标准"。世界高等教育发展的历史充分证明,多样化是高等教育大众化的必然选择,一个国家高等教育大众化的进程也就是该国高等教育系统逐渐多样化的过程,没有高等教育系统的多样化,就没有高等教育的大众化。世界高等教育问题专家纳伊曼曾指出:"多样化成为关于高等教育前途讨论的一块奶油蛋糕","无论个人和社会有什么新的需要,只有一个解决问题的秘诀:多样化①。"阿什比曾说过,"在一个能施行普及教育的社会里,每个人需要多少教育(小学、中学、大专院校)就有接受多少教育的权利,但不是每个人都需要或想要接受我们英国所谓的高等教育——不同于进修教育"。"上大学好似参加障碍赛跑,凡愿意的都可参加,但有一个很重要的特点,就是由于有多种多样的大学标准,竞赛者如愿意参加高难度的,就进有国际声誉的大学;如愿参加比较容易的竞赛,就可进要求不高的大学",而"那些没有希望按规定速度来完成学业的人,就不准参加这种竞赛,却为他们安排各种技术学校和各种进修学院,使他们有继续深造的机会"。大众化高等教育系统是一个职能高度分化的系统。"一方面有传统的机构——综合大学的存在,它们享有一定的威望;另一方面也存在着多少令人尊敬的各种教育机构,成立它们的目的是为了满足市场

---

① 陈学飞,秦惠民.高等教育理论研究精论集[C].北京:中央编译出版社,2004:79.

第一章 绪 论

的具体需要,威信要低得多[①]"。

随着高等教育系统的多样化,传统的高校学生也随之发生变化,高校学生的群体特质、升学方式、学习行为及学业发展逐渐出现多元化和异质性的趋势[②]。随着拥有不同需求、升学方式、学业资质的学生群体进入大学,他们在大学期间的就读经历、学习行为和学业发展将不可避免地出现多样化趋势。在高等教育日渐从"院校卖方市场"向"学生买方市场"转变的大环境下,多样化的质量观必然会与对不同学生的学业行为和学习结果的测量联系起来。

3. 高等教育质量评价模式的转型

随着高等教育大众化的进程不断加快,高等教育的规模不断加大,高等教育数量上的增长引起高等教育质量上的变化。扩招后在不到10年的时间内实现高等教育毛入学率达到15%,但是相应配套的硬件设施、师资力量和水平、教学方式和管理方式并没有及时跟上扩招的脚步。学生数量上的扩大使得教育资源更加紧缺,直接导致了本科生教育质量的下降。为应对社会对高等教育质量的质疑,教育部于2003~2008年进行了大规模的本科教学工作水平评估。此次评估主要注重对输入指标和硬性指标的考查。这种评估方式在很大程度上代表了我国传统高等教育质量保障体系的设计思路,即大多关注院校的生师比、生均校舍面积、生均图书资料占有量、教师发表论文数、到账科研经费数等硬性的指标,其关注焦点集中于高校的资源投入或科研产出。但是,硬性指标过硬并不必然带来高等教育质量的提高,也不带来学生的充分发展。这些考查指标无法提供高等教育机构在多大程度上发展和提升学生的知识技能方面的信息,不能充分反映高校的发展现状,也无法为包括学生在内的利益相关者提供客观全面的高等教育教学质量信息。近年来,随着发达国家高等教育的发展向普及化阶段的过渡,随着高等教育生均

---

① 阿什比. 科技发达时代的大学教育 [M]. 滕大春,滕大生译. 北京:人民教育出版社,1983.
② 鲍威. 未完成的转型——普及化阶段首都高等教育的人才培养与学生发展 [J]. 北京大学教育评论,2010 (1).

培养成本的不断上升及高等教育社会问责机制的强化,社会各界对高校教学的成效,特别是高等教育在学生知识能力发展中所发挥增值效应的关注度日趋高涨。2005年,美国联邦教育部斯佩林委员会(Spellings Commission)发表了题为《高等教育的未来》报告书,对高等教育成本的增加及高校教学质量问题表示了密切的关注。2008年日本中央教育审议会公布题为《学士课程的构筑》的审议报告,提出了定义大学教育应该赋予学生的知识能力标准,即明确了"学士力"概念内涵的必要性。2008年,国际经合组织OECD启动AHELO(Assessment of Higher Education Learning Outcomes)项目,计划研发测量高校教学成果的考试工具,并在部分成员国高等教育机构中试验推行①。2010年我国颁布的《国家中长期教育改革和发展规划纲要(2010~2020年)》中提出到2020年,高等教育总规模将从2009年的2979万人增加到3550万人,高等教育毛入学率达到40%,同时也明确提出要全面提高高等教育质量,更加注重提高人才培养质量,确立人才培养工作在高校工作中的中心地位②。人才培养的质量成为高等教育质量的核心要求。

上述高等教育质量保障体系的变革动向表明,从大众化向普及化高等教育转变的过程中,高等教育的核心价值开始向促进学生能力的发展、帮助他们取得满意的学业成就转变。在这样的背景下,侧重于高等院校资源投入和科研产出、单一地聚焦于高等教育供给方行为的传统质量评估范式已暴露其局限性,构建以学生为主体、关注高等院校中"教育与学习过程"的新评估范式则日趋迫切③。正如周作宇等所指出的,"即使学校为学生提供多种优质资源,如果学生不能接触和有效使用,不能和学生产生互动作用,则都只是潜在资源,而非现实资源,所以,要对高等教育质量进行测量和评价,

---

① 鲍威. 未完成的转型——普及化阶段首都高等教育的人才培养与学生发展 [J]. 北京大学教育评论, 2010 (1).
② 国家中长期教育改革和发展规划纲要 (2010~2020年) [EB/OL]. http://www.gov.cn/jrzg/2010-07/29/content_1667143.htm, 2010-07-29.
③ Motohisa Kaneko. Beyond the Politics of Competence Balancing the Social Clain and the Core of Higher Education. OECD Report [R]. 2008.

必须从学生的学习经验出发，评估的范式要转到对学生就读经验的评价上来[①]"。这一新评估方式将有助于了解高校教学、学生学习行为及学生发展三者之间的关联性，将为高校改善教学服务提供重要的参考依据。基于对高等教育质量评价的探索，20世纪60年代美国发起了以学生为评价主体，以学生的学习成果为主要评价对象的大学生就读经验调查，其成为一种更为合理的评价高等教育质量的评价方式。

三、研究意义

1. 理论意义

大学生就读经验的调查研究将从理论上提供一个测量、评价高等教育质量的新视角，以丰富我国高等教育质量评价的研究及教育评价理论，开启新的教育质量研究方向。目前我国在教育领域内将学生问卷调查用于教育教学评估的研究尚待开发和重视，对学生在校学习经验和本科教育教学质量之间相互关系的理论研究还比较薄弱。随着高等教育中学生主体地位的日益提升，学生个人的发展和提升便成了高等教育质量的根本要素，也成了我们评价一所大学的教育质量高低时所要考虑的首要问题。本书在对湖南省高校大学生就读经验数据进行统计和分析的基础上，描述了大学生就读经验现状并进一步分析其影响因素，同时通过对研究型大学与教学型大学两类不同层次院校学生就读经验的交叉对比分析，为这一研究领域提供相关理论分析框架，为高校发展和管理提供更多可参考的建议，有助于提高本科生的培养质量，发现本科院校自身发展的不足和学生培养中存在的问题。

2. 实践意义

在实践方面，本书认同并重视学生在大学里的主体地位，通过"学生

---

① 周作宇，周廷勇. 大学生就读经验：评价高等教育质量的一个新视角[J]. 大学·研究与评价，2007（1）.

的就读经验"来对高等教育质量进行评估,这样可以充分了解学生在大学学习和发展过程中的优势、不足和存在的问题,在实践上对于提高学生个体自我教育和发展的实效性,促进大学生素质的全面发展十分有利。同时,通过调查问卷收集大学生就读经验的一手数据,探讨影响大学生就读经验的主要因素,进而更加清晰地了解高校的实际办学现状和存在的问题,为高校发展和管理提供更多可参考的建议,也为高校内部开展自我评估提供一种新的评价范式。

第二节　文献综述

一、国外研究

1. 美国相关实证研究

美国是世界上最早进行大学生就读经验调查研究的国家,早在20世纪70年代,对大学生就读经验的调查研究就已经展开,至今已经形成较为完善的理论和测量体系。其中,"大学生就读经验调查"(College Student Experiences Questionnaire, CSEQ)和"全国大学生参与度调查"(National Survey of Student Engagement, NSSE)因为样本数量大,数据的信度和效度都很高,在世界上的接受度很高。以下将会着重介绍这两种测量工具及加州大学最先施行的"研究型大学学生就读经验调查"(Student Experience in the Research University, SERU)项目。

(1) 美国"大学生就读经验调查"(College Student Experiences Questionnaire, CSEQ)①。

佩斯教授在1979年研发了美国大学生就读经验调查问卷,进行了持续

---

① http：//cseq.iub.edu/index/cfm.

第一章 绪 论

的长时间修订，最终得到了全美范围内的认可。起初，在1979年对美国13所不同类型学校发放问卷的最初版进行测验，发现大学生的努力程度是影响大学生学习成果的最大相关因素并呈现明显的正相关。随后在1994年，佩斯与库恩一道，对印第安纳州立大学的学生进行了研究。这次的修正版已经较为成熟，包含了学生的背景信息、学生在校园内外的活动、学生对学校环境的评价和学习收获等关键因素。其中，对学生在校园内外的活动测量更为具体和深入，问卷内容也几乎涵盖了大学生日常生活所学、所见、所感、所闻，能够真实反映出大学生在校期间的基本情况。

1986年博耶领导下的卡内基教学促进基金会对全美高等院校的本科教育情况进行了调查，发表了《美国大学生的就读经验》的研究报告。该报告指出本科教育中存在教师期望与入学者学业能力之间不相匹配、院校教学目标的模糊、教师在平衡科研与教学之间关系中的矛盾、学生在课堂学习中的被动性、院校与社会之间鸿沟的扩大等八大问题①。面对大学发展的困境，博耶认为一所有效的大学必须有明确的使命和校内各方人员共同追求的目标，而这样的目标既来自社会的需要，也来自于寻求教育的人们的需要②。博耶的这一调查对美国高等教育的影响较大，《大学生就读经验调查》也逐渐成为对美国本科教育质量评价的一个重要工具。

问卷开发30多年来已经经过四次比较大的修正，目前美国已经有超过40万的学生，在400多所大学进行了CSEQ的测量，建立了全美第三的庞大数据库。目前实行的CSEQ第四版，包含六个常模体系，常模的设置对学生和院校的差异性进行了横向对比，对学生、院校自身的发展进行了纵向对比。它不但满足了学生提高学习效率、扩大学习产出的愿望，也满足了学校监控教学质量、改进教学的现实需要，同时也为教育行政部门的评估、认证工作提供了可靠的"证据"③。

（2）美国"全国大学生参与度调查"（National Survey of Student Engage-

---

①② 欧内斯特·博耶.大学：美国大学生的就读经验[M].徐梵译.北京：北京师范大学出版社，1993.

③ 章建石.大学生就读经验：高教质量评估的核心[N].科学时报，2007-01-23.

ment，NSSE)①。

美国大学生参与度调查是由全美高等教育管理中心与美国印第安纳州立大学高等教育研究中心、印第安纳州立大学调查研究中心共同开发的，由皮尤基金会（Pew Foundation）资助的，对全国范围内四年制普通本科学生对有效学习活动投入程度的一项年度研究。NSSE调查是一项以学生为主体，对学习成果和教学方式进行评价的一种手段，用以评价高校的教育质量和学生的学习成果。

NSSE根据高校学生的参与程度来衡量高校的教育质量，其主要是通过问卷的方式汇聚信息，整理分析，并且以收集大学本科一年级和四年级学生的反馈数据为重点，从而判断评估学生的学习状况和高校的教育质量。大学生就读经验调查（CSEQ）和UCLA开发的"学生信息调查"（Student Information Form）是全国大学生参与度调查（NSSE）的基本理念来源，并且相较于CSEQ，NSSE在内容上进行了精简，目的性更强，对具体因素的测量更为精准。

在结合了"大学影响理论"和"学习理论"后，NSSE提出了评价有效实践教学的五项指标：①学术挑战的程度（Level of Academic Challenge）：富有挑战性和创造性的学习对大学生认知的发展至关重要，教师应提高课程的要求和标准，以激发学生的学习动机。②主动和协作学习（Active and Collaborative Learning）：学生对学习活动的投入程度将直接决定他们的学习成效；而合作学习则可以培养学生的团队合作精神，为今后继续学习和工作打下基础。③师生互动（Student-faculty Interaction）：师生之间的亲密程度是决定学生发展的一个重要因素，教师是学生行为的榜样，是他们今后继续学习的引导者。④丰富的教育体验（Enriching Educational Experiences）：多元化的大学体验将有助于学生更好地理解自身及不同的文化。⑤支持性校园环境（Supportive Campus Environment）：校园环境直接影响着学生的发展，支持程度高的校园将提高学生的满意度，吸引学生更主动地参与到学校的各

---

① http：//nees.iub.edu/index/cfm.

第一章 绪 论

项活动中来①。在以上维度的指导下，NSSE 开发了"大学生报告"（College Student Report）作为测量工具，具体包含了对学生行为、学校行为、学习满意度和学生背景信息的测量。

由于 NSSE 调查相对客观公正，内容翔实丰富，每年发布的研究报告分量都在加重，已经吸引越来越多的高校参与其中。2009 年 NSSE 十周年回顾的报告显示：1999 年该项目只有 140 所学校参加，2000 年有 276 所，2002 年有 366 所，2004 年有 473 所，2006 年有 557 所，2007 年有 610 所，2008 年有 772 所，②基本上每隔一年就要增加 100 所左右。NSSE 官方网站宣布，2011 年参加 NSSE 的美国和加拿大高校数是 751 所，共有 537000 名学生参与完成了调查。

（3）美国"研究型大学学生就读经验调查"（Student Experience in the Research University，SERU）。

加州大学作为美国最大的公立大学系统，为研究研究型大学本科的培养问题，成立自己的高等教育研究中心（CSHE）。1999 年来自高等教育研究中心的道格拉斯（John Aubrey Douglass）教授与来自加州大学圣巴巴拉分校的弗兰克（Richard Flacks）教授合作一起开始进行加州大学本科生学术活动与公民活动参与度调查，随后发展成为加州大学本科生就读经验调查（UCUES）③。这项调查以建构主义学习理论与学生发展理论为基础，把学生作为调查主体，学生自身与大学环境中的人、事、物所发生的交互作用的认识和体验为调查内容，比较学生就读前与就读后在知识、人格上的认识、体验及建构，通过对学生在整个大学就读期间或某个阶段的学习过程、学习结果的分析，描述学生在学习上进步或发展的增量④。随着美国其他各大研究型大学的不断加入，UCUES 逐步变成遍布全美的研究型大学学生就读经验

---

① Effective Education Practice [J/OL]. http：//nsse. iub/pdf/nsse_ benchmarks. pdf, 2010-10-19.
② NSSE. National Survey of Student Engagement 10 Anniversary [EB/OL]. http：//nsse. iub. edu/symp10/NSSE_Timeline_History. pdf, 2012-03-22.
③ SERU. History of the SERU Project and UCUES [EB/OL]. http：//cshe. berkeley. edu/research/seru/history. htm, 2010-05-15.
④ 周作宇，周廷勇. 大学生就读经验：评价高等教育质量的一个新视角 [J]. 大学·研究与评价，2007（1）.

大学生就读经验

调查（Student Experience in the Research University，SERU）。到目前为止，SERU项目的成果包括美国18所研究型大学，占公立研究型大学总数的一半以上①。

SERU项目自2002年开展的10年来已经经过6次施行，其中前4次主要集中于加州大学各个分校，第5次又加入了2所研究型大学并在第6次的时候增加到4所（除加州大学系统各学校）。以第6次修正的调查问卷为例，问卷包含以下两个重点与四个模块。第一个重点包含时间分配、学术与个人发展、多元化的校园氛围、学术参与、个人规划、总体满意度和对专业的评价等维度；第二个重点为学生的背景资料和个人特征等维度。四个独立的模块分别是学生的生活和发展模块、学术活动参与模块、社会活动参与模块和校园热点问题模块②。其中校园热点问题模块可根据院校自身的情况和问题进行设计。问卷以电子邮件方式发送到本科生手中，学生也可进入相关网页参加调查，被调查者有选择是否回答的权利。调查数据显示，这种宽松的调查方式使得SERU调查的问卷回收率超过其他学生调查③。

2. 日本相关实证研究

进入21世纪，在高等教育质量问题引起全球广泛关注的背景下，日本也开始进行大学生就读经验的研究。广岛大学于2004年开展了为期一年的"大学生教育学习经验调查"（广岛大学COE项目），同志社大学在2005年同样开展了为期一年的"日本大学生调查"（山田科研项目）。2007年由东京大学研发并施行的"全国大学生调查"是目前规模最大、数据最全的针对全日本大学生进行的就读经验的调查研究。

---

① SERU. SERU-United States Consortium [EB/OL]. http：//cshe.berkeley.edu/research/seru/consortium.htm，2010-05-12.

② SERU. Report on the Results of the 2008 University of Califonia Undergraduate Experience Survey [DB/OL]. http：//cshe.berkeley.edu/publications/docs/SERU_EngagedLearningREPORT_2010.pdf，2010-02.

③ 程明明，常桐善，黄海涛. 美国加州大学本科生就读经验调查项目解析 [J]. 清华大学教育研究，2009 (6).

日本全国大学生调查是一项为了掌握现今日本大学教育质量的状况和学生发展状况，在全国范围内开展的对日本大学生在校期间日常生活和学习的一种测量，目前参与的大学为 128 所，参与学生人数为 48233 人①。日本全国大学生调查内容涉及学生从入校前到毕业后整个学习生涯的信息，能够完整反映学生通过大学四年的本科学习所取得的收获。以大学影响为理论基础，日本全国大学生调查主要由学生的基本信息（个人基本信息、家庭背景、高中时基本信息）、对教学的评价信息（课程内容、教学形式）、对环境的评价信息（学习环境、生活环境）、学习活动信息（课程学习、课外活动）和就业信息（就业去向、就业观）五个大类组成。经过问卷的发放与回收，日本全国大学生调查运用金子元久的教育射程理论（如图 1-1 所示）进行研究分析。根据金子元久的教育射程理论，可以将学生分为受容型、高同调型、疏外型和限定同调四种类型，具体来说，受容型的学生对自身和社会没有清晰的认识，顺从社会和老师对其的安排，自己的学习目标和学校设定的教育目标完全一致；高同调型则与受容型性格上完全相反，对自身和社

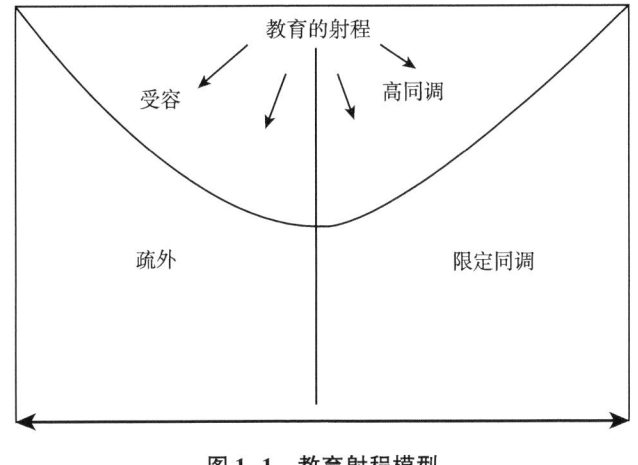

图 1-1 教育射程模型

资料来源：金子元久. 大学教育力 [M]. 上海：华东师范大学出版社, 2009.

---

① http：//daikei.p.u-tokyo.ac.jp/.

大学生就读经验

会具有清晰的认识并对自己的人生未来很有规划,但是在结果上高同调型的学生和受容型相似,也能达到自身学习目标和学校的教育目标一致;疏外型则指那些对学习完全没有兴趣,没有自己的学习目标的这一类学生,他们的学习目标和学校的教育目标也会相违背;限定同调型是指那些对自己和对学校都有清晰认识,但是却有着和学校的教育目标不一致的学习目标的学生。通过对这四类学生的数据分析能够很快发现他们之间的异同,从而找寻提高学生自身发展和提高学校教育质量的方法。

二、国内研究

相较于美国和日本,中国关于大学生就读经验的调查研究起步较晚,在国外同领域研究的影响下,特别是在美国 CSEQ、NSSE 和 SERU 调查的影响下,近几年来,中国的大学生就读经验研究开始起步。其中,北京师范大学周作宇负责的教育部规划课题"中国大学生就读经验研究"、山东理工大学谭秀森负责的全国"十一五"规划课题"当代大学生学习环境调查与研究"、复旦大学于海负责的上海市科教党委委托课题"上海大学生发展研究"、北京大学鲍威负责的"北京高校学生学业发展状况调查"、清华大学史静寰等负责的"中国大学生学习性投入度调查"(NSSE-China)和西安交通大学陆根书等负责的"本科生学习经历调查"都是中国关于大学生就读经验调查的新的尝试。

1. 北京师范大学周作宇负责的"中国大学生就读经验研究"

北京师范大学周作宇认为"大学生是质量的主体,将大学生就读经验作为高等教育质量的重要监控依据并将其整合到高等教育评估活动中去,对实现高等教育质量评估目的有重要的意义[①]"。周作宇在引进美国"大学生就读经验调查"(College Student Experiences Questionnaire,CSEQ)基础上,

---

① 周作宇,周廷勇.大学生就读经验:评价高等教育质量的一个新视角 [J]. 大学·研究与评价,2007(1).

根据中国本科院校现有的实际情况和社会大环境的现实,对 CSEQ 问卷进行了修改,引进到中国并投放测验。自 2002 年起,该问卷被北京、山东、内蒙古和湖南等地的 23 所高校运用于大学生的随机抽样调查,建立了规模较为庞大的数据库,验证了测量和评价高等教育质量必须从学生的就读经验出发的理论。根据其目前公布的成果来看,已经形成了比较完善的适合中国国情的中国大学生就读经验信息的数据库,对提高我国本科院校学生质量提供了方向。

2. 山东理工大学谭秀森负责的"当代大学生学习环境调查与研究"

山东理工大学谭秀森负责的"当代大学生学习环境调查与研究"根据"大学生就读经验调查"(CSEQ)问卷的内容进行修改,针对山东省的实际情况,对问卷内容进行了节选。此次调查是以山东省 18 所本科院校的 7000 名大学生为研究对象,选取了涉及学生自身发展、学校氛围环境、同学之间的交往等 100 多道题目进行测验。此次调查的重点是对学习环境进行测验评估,通过调查研究,课题组得到了有关山东省大学生学习环境的有关信息,并进行了相关的比较和分析,最终得出结论:学生与其就读环境之间存在着相互影响的作用,不同类型高校学生学习环境呈现出多样化特点,不同高校、学科和年级的学生对高校学习环境的认知、评价和利用程度存在一定程度的差异①。

3. 复旦大学于海负责的"上海大学生发展研究"

复旦大学于海负责的"上海大学生发展研究"是以上海的大学生为研究对象,历经 10 多年的追踪性调查,最终形成了上海大学生在价值观和人格上的发展轨迹。该报告主要由一个主卷和四个副卷组成,此外还包含个案研究。主卷主要包含在上海就读的大学生自身发展情况的调查,副卷则从教

---

① 全国教育科学规划领导办公室. 当前大学生学习环境调查与研究成果公报[J]. 当代教育论坛, 2010(2).

师、家长、用人单位和校友四个角度对大学生的价值观进行评价。"上海大学生发展研究"研究的重点是大学生价值观、人格的发展轨迹，主要考查大学生思想政治素养，并没有对大学生自身发展进行全方面的调查研究，具有很强的针对性和局限性。

4. 北京大学鲍威负责的"北京高校学生学业发展状况调查"

北京大学鲍威负责的"北京高校学生学业发展状况调查"是针对北京市大学生的学业发展情况进行的调查研究，在取样的过程中抽取了北京市5953名部分高校的大学生。通过对抽样学生满意度的调查研究，找出更利于学生接受、有利于学生学业发展的教学内容和教学方式，从而解决现今高校中存在的问题，提高高校的教育质量。鲍威的问卷设计不仅涵盖了传统的"教学课程的结构性"，同时也涉及"教学的顺应性"、"教师的教学态度"、"校园学术环境"三个维度，综合地反映了高校的教学服务质量①。

5. 清华大学史静寰等负责的"中国大学生学习性投入度调查"（NSSE-China）

清华大学教育研究院课题组采取"中国大学生学习性投入度调查"（NSSE-China）作为研究工具，以清华大学非毕业班全日制本科生作为研究对象，对清华大学本科教育学情进行了调查，结果显示与美国同类院校相比，清华大学低年级的学生表现更好，而高年级学生的表现却与美国存在较大差距，具体表现在高年级学生在学术挑战度、主动合作水平和师生互动三个指标上都低于美国同类院校，在主动合作学习和师生互动上尤其明显。通过本科教育学情调查，对清华大学本科教育现状和问题有一个整体的认知和把握，为改进教育质量提供了有力的依据②。2009年，NSSE-China首次正

---

① 鲍威. 学生眼中的高等院校教学质量——高校学生教学评估的分析 [J]. 北大教育经济研究，2008（2）.
② 海迪·罗斯等. 清华大学和美国大学在学习过程指标上的比较：一种高等教育质量观 [J]. 清华大学教育研究，2009（2）.

式在全国范围内实施调查，有23所院校自愿参与，此后参与院校逐年增多。许多参与院校和研究者利用NSSE-China进行实证研究。如史静寰、文雯在清华大学随机抽取1200名本科生实施NSSE-China调查，将清华大学学生与美国同类院校本科生在学习性投入五大指标和具体教育过程及环节的表现进行比较①。钟春玲、陈华、陈兴明等在福州大学抽取1500名本科生实施NSSE-China调查，并将福州大学在五大指标和主要教育环节诊断分析指标上的得分与"985"工程、"211"工程院校常模进行比较②。罗玉萍、刘丽娜和焦艳辉使用NSSE-China在烟台大学随机抽取1600名本科生实施调查，并将该校在五大指标上的得分与全国院校、"211"工程院校及地方本科院校三类常模进行比较③。

6. 西安交通大学陆根书等负责的"本科生学习经历调查"

西安交通大学陆根书等在2012年4~6月对全校本科生（共14759名学生）通过网络进行了大学生学习经历的调查研究。调查问卷是在加州大学伯克利分校编制的SERU-1调查问卷的基础上结合校情制定的，共包括三个模块、六个部分，分别从学生投入学习与发展活动中的状态、学生感知的学校是如何支持和鼓励其积极投入到学习与发展活动中去的状况两个方面进行设计，把这两个方面又分解为学生学术参与、学习结果（包括学生智慧能力发展、学生感知的教育经历满意度两个维度）、学习环境（包括课堂学习环境与校园氛围两个不同层次的学习环境）三个方面，对大学生的学习经历进行整体的测量。研究发现，大学生学习经历三个方面的构成要素之间存在显著的联系④。

---

① 史静寰，文雯. 清华大学本科教育学情调查报告2010 [J]. 清华大学教育研究，2012，33 (1).
② 钟春玲，陈华，陈兴明等. 大学生学习性投入调查研究 [J]. 高等理科教育，2010 (6).
③ 罗玉萍，刘丽娜，焦艳辉. 烟台大学本科生学习性投入程度调查研究 [J]. 高教论坛，2012 (7).
④ 陆根书，胡文静，闫妮. 大学生学习经历：概念模型与基本特征——基于西安交通大学本科生学习经历的调查研究 [J]. 高等教育研究，2013 (8).

三、研究述评

总体来说，中国的大学生就读经验的调查研究在理论上还没有形成系统的理论研究体系，在实证研究方面也还处于学习借鉴和研发调查问卷的初期，还不够完善。与中国相比，美国在大学生就读经验的研究领域处于世界领先水平且形成了较为成熟的研究体系和完整的数据库。日本在大学生就读经验领域的研究也领先于中国，中国的大学生就读经验的调查研究仍有很大的研究空间。

1. 实证研究有待加强

目前中国对大学生就读经验的调查研究主要集中于对美国就读经验调查研究的理论和模型的翻译和整理，对 CSEQ、NSSE 和 SERU 问卷的翻译和引用，同时也过于集中于某一章节，某一分类或者某一具体问题的研究分析，很少有研究突出了中国大学生的特殊性和差异性。目前，大学生就读经验调查研究的全国性数据库还没有形成，研究过散且缺乏完整性和连续性。实证研究的开展进度缓慢，多数停留在对国外研究的生搬硬套上，缺乏创新点。

2. 研究主要集中于对研究型大学就读经验的调查

由于国外大学生就读经验的调查研究研发很多开始于大型综合性的研究型大学，很多问卷的设计也对研究型大学的大学生具有适配性。由于这种天然的一致性，这种研究型大学研发的就读经验的调查研究对中国的研究型大学也有很大的参考借鉴价值。同时，由于研究型大学在经费方面比较充裕，有开展针对自身学校的大学生就读经验的调查研究的现实基础。所以，总体来说中国的大学生就读经验的调查研究绝大多数针对的是研究型大学的大学生，对于教学型大学的大学生基本很少涉及也没有专门的测量工具，缺乏研究的数据来源。

3. 凸显个案个性，缺乏共性完整性

由于现实条件的制约，各个高校教育资源的占有不平均，各个省份教育

第一章 绪 论

资源的分布不均衡，这种事实上的不平等造成中国的大学生就读经验的调查研究主要集中于个别省、市甚至个别学校内部的大学生。在研究的过程中，也多是对某一方面进行测量，缺乏对比，体现不出差异性。同时，数据收集的分散、问卷标准的不统一，使得分析全国性的大学生就读经验的共性变得更加艰难。建立全国性的数据库迫在眉睫，只有找出共性，对比差异性才能给中国高校的质量问题提供切实可行的建议。

第三节 研究方法

一、文献研究法

文献研究法主要是利用网络电子版的文献和图书馆的纸质文献对相关研究领域的参考资料进行收集分析的一种研究方法。本书通过对前人理论成果和实证研究的整理分析，对大学生就读经验概念进行界定，对相关研究理论进行综合评述，并依据有关文献资料，通过深入分析和借鉴对比，设计出符合本书需要的调查问卷。

二、问卷调查法

问卷调查法是指调查者根据课题的研究目的，设计出与其研究内容相关的问题，运用统一设计的问卷对被调查者进行调查，征求被调查者意见的一种收集资料的方法，它以书面形式的问卷为调查工具，通过含有多种量度指标的统一表格收集资料，调查者根据收回的调查表对被调查者的行为、态度和特征做出定性或定量的分析，以达到完成调查课题或任务的目的[①]。

问卷调查法是一种标准化和可量化的客观的调查手段，同时问卷调查法具有很好的隐秘性并且可以很好规避主观因素的干扰。本书采用问卷调查法

---

① 张创新. 社会调查理论与方法 [M]. 长春：吉林大学出版社，2003.

对湖南省高校大学生就读经验进行实证研究，通过获取第一手数据材料来了解大学生就读经验及大学生个人发展的真实状况。问卷回收后，运用SPSS 21.0统计软件包对测量得到的数据进行必要的分析，揭示大学生就读经验的总体状况和特征，并采取统计检验和回归分析方法从多个方面对影响大学生发展的因素进行分析。

三、比较研究法

教育比较研究法是指根据一定的标准对不同时期、不同地点、不同情况下所发生的教育现象、教育理论进行考查、分析、鉴别和整理，以揭示教育的普遍规律和特殊本质，力求得出符合客观实际的结论，并运用于教育实践的一种研究方法。本书通过选取湖南省的一所研究型大学和一所教学型大学为研究样本，以这两个学校内的两个相同专业的大四学生为调查对象，力图通过对这两种类型大学的大学生在就读经验上的比较分析，在中国高等教育大众化过程中形成的高校分层分类体制下，探寻不同类型高校的大学生就读经验的共通性和差异性，分析其内在的原因，呈现大学生学习与收获的不同样态。

第二章 大学本科教育质量评价：理论基础和现实动因

大学生就读经验调查是在美国高等教育发展的历史过程中，基于理论的日渐发展和相关概念框架体系的成熟逐步开发完善的，并且随着本科教育质量评价范式的转换，逐渐成为反映美国本科院校教育质量并予以改进提高的重要工具。

第一节 理论发展与概念框架

一、学生发展理论

学生发展理论受到了 20 世纪心理学和社会学发展的深刻影响，其基本目标是解释大学生怎样发展成为具备复杂成熟的了解自我、他人及世界能力的个体的过程。

1937 年，美国教育委员会（American Council on Education）汇集了许多大学近 10 年的数据，编写了《学生人事观》（Student Personnel Point of View）。这是第一个将学生全面发展模式列入议程的文件。它认为学生的全面发展应该包括认知能力的培养、职业技能的准备及价值观的发展等内容。《学生人事观》为美国学生发展和学生事务管理领域的研究提供了坚实的理论基础[①]。

20世纪心理学和社会学的发展为学生发展理论提供了有力的理论支撑，逐渐从单一的学生发展内容的归纳和概括发展到多个层面，如个体与环境的关系、社会心理、认知结构、个体类型等方面，分别从社会学、心理学、生态学等角度解释学生在大学期间的发展和成长规律。学生发展理论包括多种理论类型，根据不同的研究视角，我们把学生发展理论主要归纳为两大类：一是变化理论；二是个体发展理论。

1. 变化理论

变化理论从社会学的角度出发，强调大学生在高校期间的成长是受外在因素影响的，强调学生成长的环境和学生的经历对人才培养质量的重要性。其中较有影响力的研究成果当属费尔德曼（Kenneth A. Feldman）和纽康波（Theodore M. Newcomb）的大学影响力理论和布朗芬布伦纳（Bronfenbrenne）的人类发展生态学理论。

（1）大学影响力理论。

费尔德曼和纽康波认为大学的影响主要是通过学生的某些特征或异同点的强化来诠释的，应注重分析大学期间影响的可能性和现实性，这种强化在群体水平分析中被用来描述不同组或类别群体初始差异的增加，而在个体水平分析中被用来描述个体重要特征的增加。大学不同时期的不同经历对学生的影响不同，主要体现在以下六个方面：

一是不同大学对学生的影响是不一致的。美国大学的多样性对学生存在着影响，在某种程度上强化了学生个体的特征。大学学费、地理位置、学校声誉、教学质量等都会影响学生的大学选择。几种可变的选择对决定学生进入某个特定的大学并不具有同样的重要性。一般来说，进入不同大学的学生，他们的态度和个性也不同。

二是所修专业不同，影响不同。不同专业吸引了本质早已不同的学生。

---

① 克里斯汀·仁. 学生发展理论在学生事务管理中的应用 [J]. 高等教育研究，2008（3）.

不同专业领域学生的不同点并不是很大，因为他们通常是由这些领域中某些学生的平均分决定的。而且，学生个体经常围绕这些一般标准广泛变化着，在诸领域中产生了许多重叠之处。不同社会经济背景的学生选择特定学习领域，男性女性也是如此。

三是大学校园和学生住宿环境对学生有一定的影响。大学影响的各种理论常常基于个人与环境的相互作用①。根据不同专业学生对大学品质指数和大学环境指标的反映得到一个推论：同一大学，各种专业领域的特定环境是不同的，且专业领域的"本土"环境对学生关于学校总环境的看法有些影响。大学环境对学生有一定影响，那么学生宿舍群体的影响也是在所难免的。不同的居住条件对学生有不同的影响，但相同的住宿环境对个体仍然有不同的影响。同一住所里，室友是一个重要的影响因素，比起没有共同课程的室友，有共同课程的宿舍室友往往会讨论学业，也会从彼此身上获得更多帮助，但不见得前者的学术比后者好②。

四是教师、学生群体对学生的影响。教师和学生都是学校的主人，他们在学校里扮演不同的角色并形成了学生文化和教师文化。从宏观上来看，学生文化被看成是建立在学生适应学校环境的基础上。学生文化可以分成四类：学术型、不墨守成规型、学生型、职业型，分类的依据是学生对知识的态度和与学校的一致性。类似地，教师文化则根据教师是否与学校定位一致和教师是否尽忠于工作、研究来分为四类。大学对学生的许多影响是通过一种或两种有代表性的子文化来实现的。

五是学生的家庭背景与大学对学生的影响相关。如果说大学环境只是复制学生所处的家庭环境、高中环境、社区环境，没有遇到新信息和思想，没有遇到不同价值观、不同态度和新类型的人，大学几年就没有什么变化可以期待。基于这种思路，对学生来说，校园环境对他的挑战越大，他发生的变

---

① Ilsa L. Lottes, Peter J. Kuriloff. The Impact of College Experience on Political and Social Attitude [J]. Sex Roles, 1994 (31).

② Kenneth A. Feldman, Theodore Mead Newcomb. The Impact of College on Students [M]. San Francisco: Jossey-Bass, 1969.

化越大。学生与大学总体环境越不一致,学生越有可能退出某个学校或高等教育。大学在某种程度上对那些与它不一致的学生最有影响,但不能推出大学对那些与它不一致的学生影响最大。

六是毕业后大学影响的保持和变化。相关研究发现随着时间的推移,大学生毕业后世俗事务可能会阻止或加快大学所经历的变化,或是继续、保持,或者相反。如果几十年都没有改变,大学的影响没有被重视,那么高等教育的新组织模式是很有必要的,以进行教育改革。

大学影响力理论的难题在于影响大学生变化和发展的变量因素繁多,任何方法论上的不完善将制约研究成果的解释力。但该理论对学生发展变化的研究具有重要的启发性和指导意义,大大推进了该领域的相关研究。

(2) 人类生态学发展理论。

美国康纳尔大学的布朗芬布伦纳在 1979 年提出了著名的人类生态学发展理论。布朗芬布伦纳认为,人类发展生态学是"对不断成长的有机体与其所处的变化着的环境之间相互适应过程进行研究的一门学科,有机体与其所处的即时环境的相互适应过程受各种环境之间的相互关系,以及这些环境赖以存在的更大环境的影响①"。布朗芬布伦纳进一步指出,他的这个定义有三个特征:第一,发展着的人不能被看作是环境在其之上任意施加影响的一块白板,而是一个不断成长的,并时刻重新构建其所在环境的动态的实体;第二,由于环境有其影响作用,需要与发展主体相互适应,因此,人与环境之间的作用过程是双向的,呈现一种互动的关系;第三,与发展过程相联系的环境不仅是指单一的、即时的情景,还包括了各情景之间的相互联系,以及这些情景所根植于的更大的环境。

该理论指出学生的发展和成长过程发生在学生所处的一系列情境和关系中,布朗芬布伦纳将之称为生态环境。生态环境包含小系统、中间系统、外系统和大系统四个种类的生态系统,前者逐个地被包含在后者之中,形成了

---

① Bronfenbrenner U. The Ecology of Human Development [M]. Cambridge MA: Harvard University Press, 1979.

一种同心圆样式的结构。根据布朗芬布伦纳的理论，小系统是指发展着的人在具有特定物理和物质特征的情景中所体验到的活动、角色和人际关系的一种样式，活动、角色和人际关系是构成小系统的主要元素。中间系统是指由发展的人积极参与的两个或多个情景之间的相互关系。中间系统是小系统的系统，只要当发展的人进入一个新的情景，中间系统就形成或者拓展了。布朗芬布伦纳认为，中间系统有四种不同的类型：复合环境参与、间接联结、环境之间的相互交流及环境之间的知识。外系统是指发展的人虽然没有参与，但却影响或受其中发生的一切所影响的一个或多个环境。大系统是指各种较低层次的生态系统（小系统、中间系统和外系统）在整个文化或者亚文化水平上存在或可能存在的内容上和形式上的一致性，以及与此相联系并成为其基础的信念系统或意识形态。

布朗芬布伦纳的人类生态学发展理论的重要价值在于，通过了解学生所处的或构建的各种各样的生态系统，以及这些生态系统是如何相互作用的，能够让我们懂得这些系统构成的环境怎样促进或阻碍学生在认知、人格等方面的发展和成长。

2. 个体发展理论

个体发展理论多以个体发展为分析视角，将学生在大学期间的发展更多地视为一个自主发展的过程，研究学生在大学期间会发生什么变化，以及这些变化产生的过程。个体发展理论旨在回答四个方面的问题：大学生在校期间在个体内部和人际交往中发生了哪些变化？哪些因素导致了这些变化的发生？大学环境如何促成这些变化的产生？大学应该追求什么样的教育产出[①]？

早期的个体发展理论分别关注个体的内容和方式。近年来这类理论的最新趋势是将学生发展的不同方面放到整合的理论模型中，其中科根（Robert Kegan）和巴克斯特—马格达（Marcia Baxter-Magolda）的自我主导理论和

---

① 朱红．高校人才培养质量评估新范式[J]．国家教育行政学院学报，2010（9）．

瑞芙（Ryff）的心理幸福感理论是代表。整合型理论综合了个体在认知、情感、道德、认同等多维度的发展内容及其发展方式，概括了个体发展的不同阶段和模式。

（1）自我主导理论。

巴克斯特—马格达的研究采用了科根在1982年进行的研究路径，在研究中整合了认识论维度、个人内在维度和人际间维度，概括了个体发展的三个阶段（外部配方的追寻、十字路口的徘徊、自我主导阶段）及不同阶段的认知情感发展的复杂程度。巴克斯特—马格达集中研究科根模型的一个特定阶段，称为"自我主导"（Self-authorship）。处于自我主导发展阶段的个体，既能够吸收外来信息又能够坚持自我的价值认定，做出合理的决定。实现"自我主宰"的学生不会盲从他人，遇到问题时能够找到适合自己的解决途径和处理方式[①]。

自我主导理论尽管是西方文化环境中的一个概念，它强调的是学生在面临来自家庭和他人的要求和压力时实现自我主宰和个人决定的重要性，但它也同样适用于不同于西方文化环境的其他文化环境。它可以被看作是个人的价值观与其所处的群体的价值观出现和谐一致时的个体发展状况，而不是失去自我，完全淹没在群体之中，没有自我主见的情形。

（2）心理幸福感理论。

瑞芙的心理幸福感理论强调从自我实现和成长的角度来诠释和界定幸福，认为幸福是人的潜能的实现。其理论模型建立在一系列心理学关于健康人的理论基础之上，如埃里克森（Erikson）的心理社会阶段理论、布尔（Buhler）的基本生活趋势理论和纽加廷（Neugarten）的人格改变理论等。心理学上的幸福感在自我实现、充分显现、个性化、成熟并成功解决成人发展舞台和工作问题方面都人格化了。心理学上幸福感的六个方面分别表明了当一个人认识到为自己努力并且意识到自己的天赋时所遇到的挑战。总的来

---

① Baxter Magolda M. B. Making Their Own Way: Narratives for Transforming Higher Education to Promote Self-development [M]. Sterling VA: Stylus, 2004.

第二章 大学本科教育质量评价：理论基础和现实动因

说，这六个方面包含了很广泛的幸福感，包括对一个人及他过去生活的积极评估、一个人的成长与发展、一个人生活的目的和意义、与他人的关系、处理生活中与周围世界事情的能力及自我肯定的心理学上的幸福感模型。幸福不仅是获得快乐，而且还包含了通过充分发挥自身潜能而达到完美的体验[1]。瑞芙在批评传统的主观幸福感研究缺乏明晰的概念化理论框架的基础上，提出并验证了一个作为幸福或心理健康标识的心理幸福感六成分的模型，即自我接受、环境掌控、与他人的积极关系、生活目的、个人成长及自主性。心理幸福感内容的许多方面体现了自我实现、潜能的充分实现、个性化、成熟及成人心理社会发展阶段的任务。

瑞芙总结了埃里克森、纽加廷和阿尔伯特等心理学家的理论，从正面心理功能的角度提出了她的包括六个分项的心理幸福感的观点和相应的量表，即多维幸福感量表。该量表结合了发展心理学、临床心理学和心理卫生三方面的思想，从有关健康人的心理理论中，总结出其中共有的六种成分，将其作为心理幸福感的指标，并通过实证研究证实了心理幸福感的六个维度[2]：①自我接受。对自己拥有积极的态度，承认和接受多样化的自己，积极面对过去的生活。②机能自主。具有自我决定和独立性，能抵制要求自己以某种方式思考或行动的社会压力，由自我内部调节行为，用个人标准评价自己。③生活目的。生活有目标，并有一种方向感，感觉现在和过去的生活有意义，持有给予生活以目的的信念，有生活的目标和方向。④人格成长。有一种继续发展的感觉看到自我在成长和扩展，敢于尝试新鲜经验，有实现自己潜力的感觉，不时看到自己和自己行为的进步。⑤积极关系。与他人建立温暖、满意、信任的友谊，关心他人，有较强同情心，能欣赏他人，与他人的关系亲密，懂得人际关系的给予和获得。⑥环境控制。感到自己有能力，能够应付复杂的环境，选择和创造适合个人的环境。该量表包括六个分量表：

---

[1] 严标宾，郑雪，邱林. SWB 和 PWB：两种幸福感研究取向的分野与整合 [J]. 心理科学，2004 (4).

[2] Ryff C. D., Keyes C. L. M. The Structure of Psychological Well-being Revisited [J]. Journal of Personality and Social Psychology, 1995.

自主性、环境掌握、个人成长、与他人的积极关系、生活目的、自我接受。每个分量表14题,各按一至六级评分①。这些量表经过多次检测和跨文化情境的测试,具有相当高的信度和效度。国外的相关实证研究表明,与成年人相比,大学生的心理幸福具有独特的性质。

二、概念框架和测量模型

学生发展理论不仅对美国学生发展与管理和大学人才培养具有较强的指导作用,而且基于这些理论,很多测量工具随之产生并不断完善。美国学者早在20世纪70年代就提出了诸多不同类型的概念框架和测量模式。其中,阿斯汀(A. Astin)的"参与理论"(Student Involvement)、奇克林(A. Chickering)的"本科教育中的良好行为"(Good Practices in Undergraduate Education)、佩斯(C. Pace)的"努力质量"(Effort Quality)、帕斯卡雷拉(E. Pascarella)的"因果模型"及库恩(G. Kuh)的"学生参与度"(Student Engagement)和"学习产出模型"(Learning Productivity Model)是大学生就读经验调查主要的理论基础。

1. 阿斯汀(A. Astin)的"参与理论"(Student Involvement)

1977年阿斯汀提出了"输入—环境—输出"(Input-Environment-Outcome, I-E-O)模型,指出高等教育的"输出"或效果是"输入"(学生的特点和经历)与"环境"(大学的学术氛围、社会交往等)相互作用的结果。这一模型使研究者能够将大学环境因素(学生可能选修的一些课程)从学生的背景特征(学生的高中成绩)中分离出来,研究不同因素对学生成长、成才的影响。例如,研究背景相同的学生学习不同课程或参加不同活动得到的结果是否不同及如何不同,或者研究不同背景的学生学习相同的课程或参加相同的活动得到的结果是否不同及如何不同。

1984年,阿斯汀在"输入—环境—输出"(I-E-O)模型理论的基础上

---

① 许淑莲等. 成年人心理幸福感的年龄差异研究[J]. 中国心理卫生杂志, 2003(3).

提出了"参与理论"。阿斯汀认为学生参与到学校的环境中去是学生学习变得更好和自身素质得到发展的至关重要的原因。该理论认为学生的学习与校园环境的关系非常密切，学生学习的过程就是学生参与的过程，学生在有意义的活动上花的时间越多、付出的努力和精力越多，学生的收获就会越大①。"参与理论"包含以下五种假定原则：①参与就是要求学生对学习、活动等各种目标都要做到全身心的投入，这个目标可能是宏观上的也可能是微观上的，主要包括学习、与同伴或教师交往、课外活动等。②无论目标如何，参与必须是一个不间断的连续过程，学生的差异性和时间的差异性都会造成对目标参与程度的差异性。③参与不仅具有量上的差别也会带来质上的差别，学生在学术活动中的参与程度既可以用数量的形式来衡量，也可以用质的方式来评价，参与的时间长度和参与专注程度都是关键。④参与的质与量两方面共同决定学生的学习效率和发展程度，并呈现正相关的联系。⑤学生参与程度的有效性和发展性是衡量教育实践的标准。在此基础上，阿斯汀提出了居住场所、学术参与、师生交往、运动参与及学生团体参与等具体形式，讨论了在这些具体形式中学生参与程度的变化。例如，他发现在校住宿的学生比走读的学生能更顺利地完成学业；学生参与课程学习的时间与其学习成果相关程度最大；学生和教师之间的互动与学生的学业成就呈正相关；同学之间的交往对学生的学习和认知发展影响同样非常显著等。阿斯汀在强调环境的重要作用的同时也强调学生要充分发挥自身的能动性。

2. 奇克林（A. Chickering）的"本科教育中的良好行为"（Good Practices in Undergraduate Education）

奇克林（A. Chickering）的"本科教育中的良好行为"主要表述为奇克林（A. Chickering）和甘姆森（Zelda. F. Gamson）在1987年发表在AAHE（American Association for Higher Education）公报中的"良好本科教育的七原

---

① Astin A. W. Student Involvement: A Developmental Theory for Higher Education [J]. Journal of College Student Development, 1999, 40 (5).

则"。他们将那些在大学校园中与学生自身发展最密切、最直接的教育活动进行归纳总结，提出了良好的本科教育应该具备的七项原则，这七项原则也成为研究大学生就读经验可参考的测量参数。这七项原则具体是指：①密切的师生关系。在大学中，教师与学生在课堂内外的交往和接触是学生良好学习的重要激励因素，教师对学生的关心能够帮助学生克服学习中的障碍取得学业的进步，同时，与教师的互动可以促进学生更好地自主学习，思考个人的价值实现和未来规划。②密切的同学协作交往。团队合作学习比个人孤立学习的学习效果和学习收获更大。学生之间在一起的学习能增加学习上的投入，和他人分享观点并对他人的观点做出反馈也能加深自己的理解并提高思维能力。③注重学习的时间与效率。有效的时间分配对学生意味着有效学习，对教师意味着有效教学。大学对学生、教师和管理人员提出自己的任务时间规划，是实现高水平教育及教学的基础。合理安排时间对于学生学习至关重要，教师应提供这方面的指导和帮助。④发挥学生自身能动性，积极主动去学习。学生如果只是被动地坐在教室里听老师讲解知识，观看和记忆材料，背诵所学内容，其学习的收获很有限。学生是学习的主体，必须主动参与到学习过程之中，将学到的知识运用到日常生活，这样才能将所学的内容转化到自身的知识库中。⑤及时地对学生提出的问题进行反馈。学习是一个不断反馈不断推进的过程，教师对学生的及时反馈，有助于学生了解自己学到什么、未学到什么。开始时，学生需要获得教师对自己已有知识和能力的评价；课堂上，学生需要多次展示自我的机会来获得教师的指导建议。在大学教育的不同阶段，通过教师的反馈，学生能够对自己的学习表现进行思考和改进，并完成自我评价。⑥帮助学生确定高标准的目标。在学生可承受的一定范围内，学习目标越高则学习成效越好；高标准的目标要求对每一个基础好的或基础差的、勤奋的或懒散的学生都很重要。当院校和教师为学生设定较高的目标并在外部予以帮助时，学生更能将这种高的目标实现期望内化为自身努力的动力，从而取得更好的学习成效。⑦因材施教，灵活运用不同的教学方式。学习者总是带着不同的才智和方法来到大学。讨论课上的天才可能是实验室或艺术创作室里的呆子；动手操作能力强的学生可能对于理论知识一知

第二章 大学本科教育质量评价：理论基础和现实动因

半解。学生需要适当的机会展示自我的才干，需要探索适合自己的学习方法，而后他们才能更好地学习一些更具挑战性和创新性的内容①。

奇克林和甘姆森对七项原则作了几点说明：首先，七项原则提出的目的不是为了给高等院校制定本科教育行为条例，而是在于指导高校的教师、学生和行政人员在本科教育教学工作中实现相互间更好的配合，以保障和提高本科教学质量；其次，七项原则提出的意义在于它是建立在对教学和学习、互动和协作等教育行为近 50 年的研究基础上的，许多实证性的研究均证实了这些行为和本科教育教学质量之间具有紧密的关系；最后，七项原则的每一项都可独立施行，但同时全面推广的话，实施效果更佳②。

3. 佩斯（C. Pace）的"努力质量"（Effort Quality）

20 世纪 60~70 年代，罗伯特·佩斯根据自己 30 多年的潜心研究并对成果进行总结，提出了"努力质量"，为大学生就读经验问卷的设计提供了理论基础。具体来说"努力质量"是用来形容学生对课堂内外活动的时间与经历的，认为仅关注学生学习时间的长短是不够的，还要关注学生使用学习时间的质量，即关注学生的投入行为和投入活动。佩斯经研究发现，当学生将更多的时间和精力投入到某些特定的活动时，如学习、有实质意义的与教师和同伴的互动及将所学运用到具体情境，学生投入的质量更高，所取得的学习效果更好③。佩斯将学生设想为学习的积极参与者，重视学生在学习过程中的时间和精力投入，并且将学生的学习行为与学校教育过程联系起来，注重研究在哪些教育活动中学生投入更多的时间和精力能够获得更高的"努力质量"。根据佩斯的"努力质量"的概念，我们可以发现学生的就读经验对学生发展产生的重大影响。对学生就读经验的测量评价是评价学生发

---

①② Chickering A. W., Gamson Z. F. Seven Principles for Good Practice in Undergraduate Education [J]. AAHE Bulletin, 1987 (3-6).

③ McCormick A. C., Kinzie J., Gonyea R. M. Student Engagement: Bridging Research and Practice to Improve the Quality of Undergraduate Education [M] //Higher Education: Handbook of Theory and Research. Springer Netherlands, 2013.

展的重要指标。在这一理念的指导下,佩斯设计了大学生就读经验问卷并研发了这种新的对教育质量的评价方式——大学生就读经验的调查研究。

4. 帕斯卡雷拉(E. Pascarella)的"因果模型"

帕斯卡雷拉在1985年为了解释大学生在校期间学习和个人发展之间关系的问题时提出了"因果模型"。在这一模型里,学生的个人发展主要受到五种变量的制约(如图2-1所示):学校的特征、学生在学校里的其他社会交往、学生的背景特征、学生对学校环境的看法和学生努力质量。其中学校的特征主要包含学校的规模、学校的办学条件和学校师生比的情况,学生在学校里的其他社会交往主要是指学生与教师和同学的交往。这五个变量相互作用,共同决定了学生的学习和发展,学校的特征和学校环境对学生的学习和发展起间接作用,学生的背景特征、学生在学校里的其他社会交往、学生的努力质量对学生的学习和发展有直接的影响作用①。帕斯卡雷拉认为,学生努力的质量是决定学生学习和认知发展的关键因素。他指出,"大学对学生的影响在很大程度上取决于学生个人的努力,学生从中学后教育经历中获得的任何东西都是他们自身努力的结果"。与此同时,帕斯卡雷拉也强调学校对学生学习起到的积极作用。"如果说学生本人的努力和融入是决定大学影响的关键性因素的话,那么,学校要做的就是为学生的努力和融入提供必要的环境和资源,包括良好的教学质量和学习氛围、有效的学术活动和学生事务规划、和谐的师生关系和生生关系等②。"在佩斯和阿斯汀研究的基础上,帕斯卡雷拉进行了拓展,他除了肯定学生在学习活动中的积极参与和努力对学生学业成就和认知发展的重要影响外,进一步关注了学生进入大学前的背景特征及院校环境等因素对学生学习和发展的影响。

---

① Pascarella E. T. College Environmental Influences on Learning and Cognitive Development: A Critical Review and Synthesis [M]// J. C. Smart (Ed.). Higher Education: Handbook of Theory and Research. New York: Agathon, 1985.

② Pascarella E. T., Terenzini P. T. How College Affects Students: A Third Decade of Research [M]. San Francisco: Jossey-Bass, 2005.

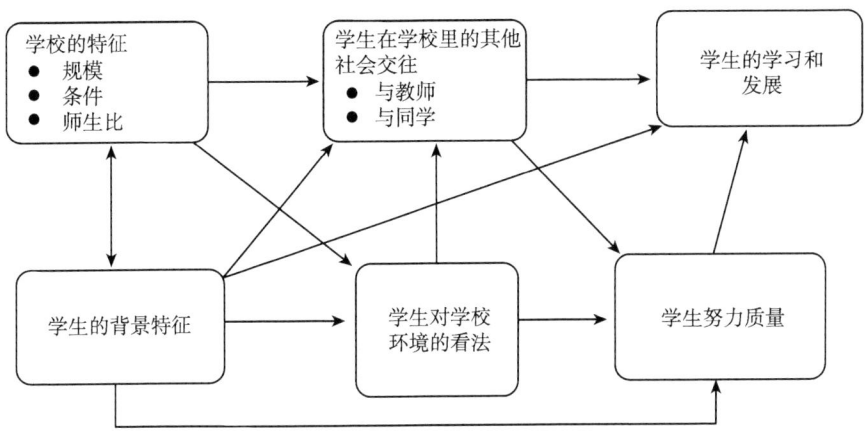

图 2-1 因果模型

资料来源：Pascarella E. T. College Environmental Influences on Learning and Cognitive Development: A Critical Review and Synthesis [M] //J. C. Smart (Ed.). Higher Education: Handbook of Theory and Research. New York: Agathon, 1985.

5. 库恩（G. Kuh）的"学生参与度"（Student Engagement）和"学习产出模型"（Learning Productivity Model）

库恩在对佩斯和阿斯汀关于学生发展的成果进行分析时，提出"学生参与度"概念。库恩将影响大学生学习和发展的因素分为两大部分——大学前经历和大学就读经历。大学前经历（Students' Precollege Experiences）主要包括学生从幼儿园至高中阶段（K-12）的学业准备、入学机会、入学意愿、家庭背景等，这些都是影响学生进入大学后学习和发展状况的重要因素和条件。大学就读经历（College Experience）包括学生行为和院校条件两大方面。学生行为主要包括学生的学习习惯和学习动机、投入学业的时间和精力、与教师和同伴的交往等；院校条件主要包括院校为学生准备的学习资源和机会，如教育资源、教育政策、校园环境、课程、项目和活动等[①]。

---

① Kuh G. D., Kinzie J., Buckley J. A., et al. What Matters to Student Success: A Review of the Literature [C] //Commissioned Report for the National Symposium on Postsecondary Student Success: Spearheading a Dialog on Student Success, 2006.

具体来说,"学生参与度"是一个测量学生投入到有效实践教学中的时间和精力,以及高校吸引学生参与到学习活动中的力度的概念①。其内容主要从学生和高校两个层面进行分析。基于学生和学校的投入与学生个人发展呈正相关这个基本假设,就学生层面来说,学生的学习习惯越好参与度越高,学生投入到学习中的精力越多参与度越高,学生与同学、老师之间的交往越和谐参与度越高;就学校层面而言,学校的基础设施越好参与度越高,学校的教育资源越丰富参与度越高,学校的校园环境越优美参与度越高,教师的教授方式越科学参与度越高,以上的诸多因素都是提高学生参与度的有效因素。

在对"学生参与度"的进一步分析研究中,库恩和 Shouping Hu 在对 44238 份样本进行数据分析的基础上,合作建立了"学习产出模型"(Learning Productivity Model)(如图 2-2 所示),这个模型主要包含四个变量:学生的投入、学生的努力、学校的特征和投入、学生的收获。其中,学生的投入是基础,通过学生个人的学习和学校的努力,增加学生的收获②。

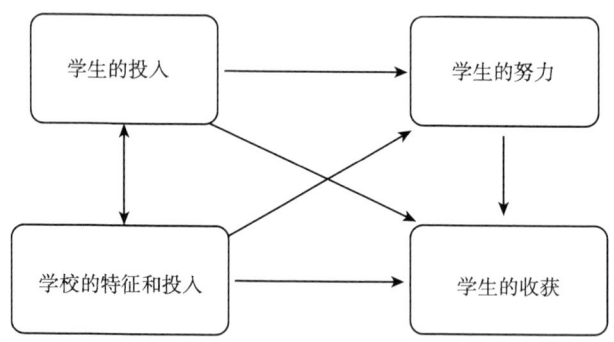

图 2-2 学习产出模型

资料来源:Shouping Hu, George D. Kuh. Maximizing What Students Get Out of College:Testing a Learning Productivity Model [J]. Journal of College Student Development, 2003, 44 (2).

---

① Kuh G. D. Making Students Matter [M] //J. C. Burke (Ed.). Fixing the Fragmented University:Decentralization with Direction. Bolton:Jossey-Bass, 2006.
② Shouping Hu, George D. Kuh. Maximizing What Students Get Out of College:Testing a Learning Productivity Model [J]. Journal of College Student Development, 2003, 44 (2).

第二章 大学本科教育质量评价：理论基础和现实动因

以上五种理论和模型都是大学生就读经验的理论基础和开展大学生就读经验实证研究的前提，在这些理论和模型的支撑下，后人进行多种形式的实证研究。为了提高本科生的教学质量，提高学生的个人发展，设计了形式多样的调查问卷，就不同领域、不同方向对学生的学习情况和成长情况进行考查，从而提出切实有效的方式方法提高高校教育质量。

第二节 大学生本科教育质量评价的现实动因

一、美国对本科教育质量的反思

西方发达国家的高等教育在20世纪60年代普遍经历了一个大众化和普及化的发展过程。这一过程带来的不仅是学生人数的增长，更带来了高等教育方方面面的结构性调整。同时，这一扩张过程是与公共资金不断加大对高等教育的投入、公共资金在大学收入中所占比例不断增加相伴随的。在这个过程中，大学逐渐形成了对公共资金的严重依赖。然而20世纪70年代中后期，西方发达国家的经济发展陷入了滞胀，财政收入增长率几乎处于停滞状态，政府处于前所未有的财政压力之下。在高等教育领域，公共资金的紧缺状态尤为紧迫。一方面是大众化带来的对公共资金的巨大需求；另一方面是财政收入的减少带来的资金供给不足。在美国，来自州政府的拨款在大学总收入中的比例表现出明显下降，1980~1981年为30.7%，1995~1996年这一比例下降为23.1%[1]。1986年，州政府承担了公立高校生均经费的77%，而2011年这一数字下降为57%[2]。在这种背景下，高等教育市场化改革成为各国开展教育改革的重要选择。无论是政府对大学宏观管理层面（如通过限制公共资金的投入、创造稀缺的要素环境、刺激大学之间的竞争、提高管理

---

[1] 郭丽君. 大学教师聘任制——基于学术职业视角的研究 [M]. 北京：经济管理出版社，2007.
[2] State Higher Education Executive Officers. State Higher Education Finance FY 2011 [EB/OL]. http://www.sheeo.org/sites/default/files/publications/ SHEF_FY11.pdf, 2013-12-19.

大学生就读经验

效率等),还是在大学内部管理的微观层面(如通过采取加强产出控制、极力降低大学成本、促使管理人员的职业化和管理机构的职业化等类似企业的管理模式),"实际上是包括大学在内的公共部门应对全球化和市场化的压力实行自卫的手段"①。大学通过加强绩效不断回应政府、社会和公众的问责,同时也越来越不断暴露内部存在的问题。经费短缺导致大学学费上涨过快,学费、资助和科研经费的管理都存在问题,毕业生缺乏必备的知识和技能,公众认为学校不关心社会重大问题,大学高薪竞聘明星教授,上马豪华建设项目,上述行为使高等教育渐渐地失去了往日的公信力②。与此同时,20世纪末信息技术的飞速发展,一个信息以更强大的不同途径进行生产、汇集和传播的信息时代,对专家集聚地的大学模式、需要专业知识的教学模式、要求教师和学生有形存在的结构模式等都提出了挑战,传统的课程体系和教学内容与学生适应未来职业发展的素质要求之间的鸿沟使大学的教育质量面对利益相关者的叩问。面对竞争越来越激烈的变化的环境,大学究竟应当为本科生提供什么样的教育?这成为了政府、大学、社会组织、家长、学生和其他关注教育的群体都共同关注的议题。而对美国本科教育现状的反思成为这一议题的重要参考,也是推动美国本科教育改革的立论基点。

1. 缺乏统一的本科教育目标

大学本科教育目标的重要性首先在于导向,强烈的目标意识能够正确引导教学内容的选定、教学过程的实施。明确且适当的目标对大学本科教育的各个环节还起到了规范的作用,对行为构成了约束。其次它也是检验大学本科教育的标准,对教育成果形成了参照。曾担任哈佛大学校长20年之久的德里克·博克在《回归大学之道——对美国本科教育的反思与展望》中对

---

① 卢乃桂,操太圣. 中国改革情境中的全球化:中国高等教育市场化现象透析[J]. 北京大学教育评论,2003(1).

② Garland P. H., Thomas W. G. New Perspectives for Student Affairs Professionals: Evolving Realities, Responsibilities and Roles [R] //ASHE- ERIC Higher Education Report No. 7. Washington, D. C.: The George Washington University, School of Education and Human Development, 1993.

第二章 大学本科教育质量评价：理论基础和现实动因

这一问题有清醒的认识。他指出，"大学应该让学生通过四年学习收获些什么呢？在这人生的关键时期，大学应该怎样帮助年轻人获得成长和发展呢？……如果对大学的教育目标缺乏足够的认识，我们根本无法知道本科教育的质量究竟如何①。"美国大学与学院联合会（AAC&U）在发布的一系列本科教育改革报告中也指出，人们通常以入学率、准备率、花费及问责等进行衡量，但却普遍忽视了一个最为根本的方面，即"今天的本科毕业生需要知道些什么、需要会做些什么、他们究竟做得怎么样②?"这种对本科教育目的的忽视造成了在学校教育教学活动中统一体系的肢解。"由于缺乏令人信服的、统一的教育目的，大学的课程体系便逐渐演变为由选修课堆积而成③。"针对这一问题，博克提出了大学本科的八个教育目标，即表达能力、批判性思维能力、道德推理能力、公民意识、适应多元文化的素养、培养学生全球化素养、培养广泛的兴趣和为学生的职业生涯做准备，并认为，如果对照这些目标，今天的大学难言成功。

2. 课程偏重于狭隘的职业化倾向

美国大学与学院联合会（AAC&U）指出，当前美国本科教育普遍存在一种重视"市场化"专业、职业化倾向严重的现象，很多学生认为本科的学习就是要学一些能直接面向就业的知识，甚至把大学学习仅看做是未来就业的敲门砖。不少大学也主动迎合学生的这种需求，增加大量的职业性专业、课程④。对于课程职业化的倾向，博克认为美国的本科教育向来都有实用性、职业性的一面。课程职业化倾向的加剧主要源于美国的用人单位对雇员知识和技能的要求越来越高，大学生的价值观实用化，越来越多的学生将赚大钱和事业成功视为大学的原动力。而且主修职业性科目的学生并非只学

---

①③ 德里克·博克. 回归大学之道：对美国大学本科教育的反思与展望 [M]. 侯定凯等译. 上海：华东师范大学出版社，2008.

② AAU&U. The Quality Imperative: Match Ambitious Goals for College Attainment with an Ambitious Vision for Learning [R]. Washington DC: AAC&U, 2010.

④ 吕林海，龚放. 美国本科教育的基本理念、改革思路及其启示 [J]. 教育发展研究，2012 (3).

习实用课程,他们仍然学习通识课程和选修课程,这占了他们课程总数的一半。"美国高等教育已经将自己变成了一个大型的就业训练基地,博雅教育已不再是它的核心①。"

然而,随着全球化经济的发展和新兴技术革命的日新月异,传统职业的稳定性已被打破,工作流动的频繁和职业的变动越来越变得司空见惯,一个人终身固守于一种职业、一种岗位将成为极其稀罕的事情。美国劳工部从1978~2006年持续开展的跟踪性研究表明,美国人在大学毕业后的20年时间内,平均要变换10次工作,随着时间的推移,年轻人工作变换的次数将更加频繁。面对不断变化的市场与就业环境、新兴职业岗位的兴起及若干传统职业的消失,大学的课程依然固守于狭隘的某一职业需求的教学内容,显然忽视了学生面对未来发展的不确定性所需要的灵活转变的素质基础和能力要求。因此,大学本科教育的课程设置的目的就是培养和提高学生的能力以适应新型职业的迅速发展对人才的需要,而非为了迎合市场的短期需要,仅为本科生传授能够直接谋生的一技之长。

3. 教学和学生的学习状况令人堪忧

在过去的10年中,有关人类认知方面的研究揭示了许多关于有效教学和学生学习的重要发现,但这些成果并没有受到高校教师们的重视,遑论在教学实践中予以应用。正如德雷克·博克在《我们低效的大学》中所指出的,高校教师还没有系统地应用教育学和心理学中有关教学和学习的发现。这种局面一方面造成了教育研究成果的浪费,另一方面,教师也越来越无法适应信息化和高等教育普及化时代教与学的新要求,从而影响大学人才培养的效果②。为此,美国六大教育团体,即美国教育委员会(ACE)、美国州立学院和大学协会(AASCU)、美国社区学院协会(AACC)、美国大学协会(AAU)、全国独立学院和大学协会(NAICU)、全国州立大学和赠地学院协

---

① 德里克·博克. 回归大学之道:对美国大学本科教育的反思与展望[M]. 侯定凯等译. 上海:华东师范大学出版社,2008.
② 李盛兵. 美国本科教育的挑战[J]. 比较教育研究,2008 (3).

会（NASULGC）在2006年发布了《美国本科教育下一步如何走：致各成员高校的一封公开信》的报告，指出在本科教育内部，美国高校的教学和学生的学习状况令人担忧。无论是教学方法和教学技术的改善、高中教育质量，还是本科教育效果，美国本科教育的质量都不容乐观。对此，六大教育团体提出各院校要充分应用"有效教学"这一新知识，促进不同学生在不同环境下的学习。他们还给出了具体的建议：①在教学中坚持运用教育和心理研究的新知识和技能。②学校要重新审视教育教学方面的研究，收集成功的教学实践案例，并让教师尤其是院长、系主任和学院的其他成员学习、了解，并且应用这方面的成果。③中学后教育改进基金会（FIPSE）应该为从事这方面实践和努力的院校提供支持①。此外，科技的变革与发展，如互联网、谷歌搜索引擎使人类发现、汇集和利用信息的方式更加网络化，不仅对长久以来的教育政策和实践提出了挑战，也对长久以来的教学和学习实践、教学组织和设计、专业知识提出了挑战。在这种变革的环境中，高校为适应新形势的发展必然应思考一系列问题，如怎样利用知识获取和应用的新模式来改变教师教学和学生学习的方式；怎样帮助学生成为信息时代知识的创造者、传播者和运用者；怎样着手应对新技术对传统的、自上而下的专门知识和学术权威提出的挑战；怎样利用新知识及获取知识的方式来质疑、重塑甚至改造大学。显然，很多高校在这些方面思考不够、应对不足。

二、本科教育质量评价范式的转化

1. 高等教育质量评估改革面临的问题

面对令人堪忧的教育质量，院校必须收集有效的证据向社会证明其办学质量以获得更多的拨款和资助及更优质的生源。然而，美国当时的高等教育质量评估改革正面临着三个主要问题。

---

① ACE, AASCU, AACC, AAU, NAICU, NASULGC. Addressing the Challenges Facing American Undergraduate Education, A letter to Our Members: Next Steps [R]. 2006.

大学生就读经验

一是学生作为消费者对教育效果的关注。作为高等教育的消费者,学生市场的形成使得公众开始重新审视学生这一群体的利益。正如马丁·特罗指出的那样,美国高等教育制度的一个基础就是竞争精神和对市场的回应力,尤其是学生市场①。1984年美国大学总花费近900亿美元,较之1966年翻了近一倍②;根据美国国家公共政策和教育中心2004年的调查报告:在过去的10年中,美国越来越多的家庭在支付子女上大学上存在困难。依据之一是2年制和4年制高校的学费上涨得比通货膨胀和家庭收入要快。依据之二是各种财政资助总量虽在增长,但面向低收入学生的部分则越来越小。学费上涨和资助的非针对性带来的结果是:4年制本科1年的学费占去了一个低收入家庭40%的年收入③。由于高等教育费用越来越成为家庭的巨大经济负担,对于实际负担费用的大学生而言,当然会追问大学教育带来了什么样的具体而实际的效果。大学作为提供教育产品的机构,有必要在这一方面提供详细而明确的信息,可以使消费者据此进行判断而选择更为有效率的高等教育机构,从而提高高等教育制度的效率。纳税人作为高等教育的支付者之一不断给政府官员施压,使得政府官员需要更多信息来对本科教育的工作成果进行评价,随之人们对于教育改革的理性探讨转向对有效的本科教育质量评估的需求。同时,随着高等教育系统的日益复杂化,面对不断增长的大学课堂知识,不断更新的教育教学方法,仅依靠简单地观察和感受来评价和管理高等教育质量已经显得力不从心,能够全面反映高等教育的质量评估也就成为了大众的迫切需求。尤其高校人数的激增使得师生比大幅度缩小,依靠师生交流的学校教育管理模式面临着挑战,学生事务部门承受着极大的管理压力。为了高效收集学生管理与学生评估的相关数据,大学生问卷调查

---

① Trow M. A. From Mass Higher Education to Universal Access [EB/OL]. The Scholarship Repository. Center for Studies in Higher Education, University of California. http://repositories.cdlib.org/cshe/CSHE1-00, 2000.

② 黄海涛. 美国高等教育中的学生学习成果评估研究 [D]. 南京:南京师范大学博士学位论文, 2010.

③ National Center for Public Policy and Education. American Higher Education: How Does it Measure Up for the 21st Century? [R]. 2006.

第二章 大学本科教育质量评价：理论基础和现实动因

迅速成为美国高校学生管理的重要辅助工具和手段。

二是已有的院校质量评估工具的局限。"从美国传统的院校评估经验来看，基于资源等办学条件指标对评估教育质量的有效性极其不足，而基于声誉、毕业率等办学结果指标的评估则难以用于诊断本科教育的问题，对于指导本科教育改革没有任何帮助①。"高等教育的评估工作因为高等教育系统的复杂性也日益复杂。现有的世界大学排行、美国的院校认证等注重输入指标和硬性标准，均强调用价值标准或统一参照系来进行评价。例如《美国新闻与世界报道》发布的大学排行榜，一开始是根据多位大学校长对每所大学声誉的主观意见确定的大学声誉排名，此后逐渐增加如生均投入经费、校友捐助资金等评价指标。通过这些评价指标，媒体只是每年从美国一流大学名单中提取名单组合成一份众所熟悉的大学排名，这种排名对大学教育质量中的真实存在的问题——院校为提高学生学习做过什么及做得如何，没有给出任何有意义的回答。这种教育硬性条件和教育资源输入的保障并不一定带来教育质量的提升。阿斯汀指出，大学排行榜中的资源和声誉这两个概念"没有直接突出高等学校的基本目标：培养学生和传授知识②"。帕斯卡雷拉和特伦兹尼通过对数以千种有关"大学如何影响本科生"的研究文献进行综述，发现资源和声誉对学生的影响微乎其微，至多也只是有些间接的影响，他们指出"大学排行不应再以为它们真正是在识别那些开展本科教育'最佳院校'。因为它们的测量方法主要是以学校的资源和声誉为基础的，而并没有考虑到学生在大学的经验，正是这种大学经验对高校教育质量具有重要意义③"。

三是高校自身发展提出的要求。传统的院校评估是由外部机构或专业团

---

① 岳小力，张晓鹏. 构建以学生为中心的本科教育质量评价指标体系——试析美国"本科教育良好实践指标"手册 [J]. 复旦教育论坛，2009 (3).

② Astin A. W. Assessment for Excellence: The Philosophy and Practice of Assessment and Evaluation in Higher Education [M]. Rowman & Littlefield, 2012.

③ Pasearella E. T. Identifying Excellence in Undergraduate Education: Are We Even Close? [J]. Change, 2001, 33 (3).

大学生就读经验

体对大学的办学质量进行评价,将大量处于教学和课程开发第一线的人员排斥在外,有效的教育评估无法依靠高校内部提供相应的信息,这就导致教育评估结果不能紧密联系院校学术政策的制定或者教育教学的改进。而在社会问责制越来越成为影响和制约高校办学行为的高等教育发展环境下,花费大量时间、精力和财力进行的院校评估不仅只是对社会公众公布学校办学的相关信息,作为学生与家长选择学校的一个依据,更为重要的是,评估调查数据能够用来测量、分析高校自身在教育教学方面的实际状况,反映存在的问题,能为学校教育教学改革的战略规划和学术政策的制定提供依据。因此,开发的教育质量评估指标系统能否紧密联系高校教育教学工作便成为当时教育研究者着重研究的问题。

2. CSEQ 的应运而生

由于高等教育理念的转变,大学生问卷调查在美国兴起并不断发展。经由杜威提出"儿童中心说"的实用主义教育观发展到人本主义和建构主义教育观,美国教育理念已经从"知识中心论"和"教师中心论"过渡到"以学生为中心"的观念,并获得了极大的发展。人们逐步认识到,高等教育最为本质的活动始终是培养学生,高等教育的质量首先是指学生的发展质量,对高等教育质量的评估也应回归到学生的发展质量,如学生在认知、技能、态度等方面的学习成果。与此同时,以大学生问卷调查为主要工具的学生群体评估工作的成功进一步验证了"以学生为中心"的教育理念,使人们认识到学生作为高等教育质量评价主体的应然性,也使学生群体评估这一评估方法在众多高等教育质量评估方法中脱颖而出。

早在 20 世纪 80 年代,美国学者泰勒(T. Taylor)、迈克柯兰(C. McClain)等提出了增值评价法(Value-added),通过对学生在整个大学就读期间或某个阶段的学习过程、学习结果的分析,来描述学生在学习上进步或发展的增量。这个增量可看作是教学质量提升的结果,是学校教育改进的标志,也是教学质量评估要抓的重点①。然而,由于个体发展的复杂性,很难

---

① 章建石. 增值评价法——关注学生的实际进步 [N]. 科学时报,2006-12-26(B03).

第二章　大学本科教育质量评价：理论基础和现实动因

对学生的学习结果进行量化、测量和计算。但研究者在多年的实践中发现，虽然学生的增值难以确定，但学生的学习行为、教师的教学行为及高校的政策和实践却是相对容易把握的，而且与教学带来的增值有着非常紧密的关系，对这些中介变量的测量完全可以用来预测增值结果①。20 世纪七八十年代，大学教学质量的下滑，使很多高校迅速开展校内质量评估，并开始重新深入讨论基于"增值"质量观的学生学习成果评估理念，由此学生学习成果评估便迅速成为美国高校证明其办学效益及提升其教育质量的主要方式。学习成果评估主要是根据直接证据和间接证据来评估学习质量。直接证据主要包括"顶点课程"的成绩、专业和临床成绩、校外各类考试的成绩、教师命题考试的成绩等材料；间接证据主要包括学生的学习档案袋，作业及学生、校友和毕业生用人单位的自我报告等材料②。由于学校之间在目标和定位方面有所不同，各个学校选用的证据也不尽相同③，加之院校认证和专业认证都需要反映学习结果的评估材料，有效的教学也离不开信息反馈等原因，所以学生的学习成果评估在美国高校推广很快。而基于"建构主义学习理论"和"学生发展理论"的学生问卷调查凭借其简便、有效的特点迅速充当了进行学生学习成果评估的重要手段。学生问卷调查是自我报告评估常用的一种工具，一般用来调查学生对本科阶段学习收获的看法，调查的结果通常被当作间接证据，用来说明学生的学习结果情况。尽管问卷调查只是收集间接证据的一种工具，但它却提供了一个洞察美国高等教育质量观的独特视角，独特之处在于它凸显了当代的质量观对传统的美国高等教育质量观的影响④。

---

①　陈琼琼. 大学生参与度评价：高教质量评估的新视角 [J]. 高教发展与评估, 2009 (1).

②　Council for Higher Education Accreditation. Student Learning Outcomes Workshop [R]. The CHEA Chronicle, 2002, 5 (2).

③　CHEA Institute for Research and Study of Accreditation and Quality Assurance. Statement of Mutual Responsibilities for Student Learning Outcomes: Accreditation, Institutions, and Programs [M]. Washington, D. C.: Council for Higher Education Accreditation, 2003.

④　Ruben B. D. Quality in Higher Education [M]. NewBrunswick, U.S.A.: Transaction Publishers, 1995.

大学生就读经验

在学生调查的发展过程中,1979年印第安纳州立大学研发编制的《大学生就读经验问卷调查》(College Student Experiences Questionnaire,CSEQ)当属最具有代表性的学生调查问卷。在之后的发展过程中,该问卷进行了4次修订,并获得了广泛的认可。目前该问卷的日常运营主要由印第安纳州立大学高等教育研究与规划中心负责,美国共有400多所高校正在运用这一研究工具来检测学生的学习状况和学校教学质量,成为学生调查工具中使用最广泛的研究工具之一。

CSEQ将学生在大学期间的学习生活和就读经验与高等教育质量成果关联在一起,很大程度上影响了高等教育质量评估从关注大学教育结果到关注大学教育过程的转变。而对教育过程的有效测量和监控已经成为全球评估高等教育质量的新模式,这种评估模式能够有效帮助大学从内部进行人才培养的管理改革。按照日本学者金子元久教授的观点,这种过程监控模式主要调查以下三个方面:①个别学生的将来期望、家庭和学习背景等影响学生学习行为的各种因素。② 大学入学后不同教学形式的经验及教学的参与度、教学及其他方面时间的分配和学习特征。③ 学生对自身的能力、不足、在学校中的变化等和学习效果相关的侧面①。CSEQ 也主要是从学生的背景信息、学生的学习经验、学生发展的成果及学生对大学就读经历的评价等方面来把握学生的学习行为及高校的教学资源、保障条件的状况。在功能上,CSEQ除了面向社会公众公布外,也以改进院校教学质量为目的。CSEQ 在教学质量改进方面提出了学生学习成果测量,即将学生的大学就读经验作为表征学习产出的参考指标和正相关变量。学校能够通过调查研究,全面系统地掌握人才培养的过程和结果,及时调整相关做法以丰富学生的就读经验,提高学生学习效果。因此,CSEQ 协助学校开展自我评估与自我改革,使国家的关注点从过去基于学校声望的问责报告向基于服务学生发展的绩效报告转变。

---

① 金子元久. 大学教育力 [M]. 上海:华东师范大学出版社,2007.

第三章 湖南省大学生就读经验的调查分析

本章研究的内容主要包括两方面：一方面是描述湖南省大学生就读经验的总体状况和特征；另一方面是考查学生就读经验中大学生发展过程因素对发展成果的影响，即考查学生人口学特征和个人参与度、家庭背景、学校环境对大学生发展成果的影响。这两方面的研究有助于比较全面地把握湖南省高校大学生的就读经验情况。根据以往的研究成果，本章的研究框架如图3-1所示。

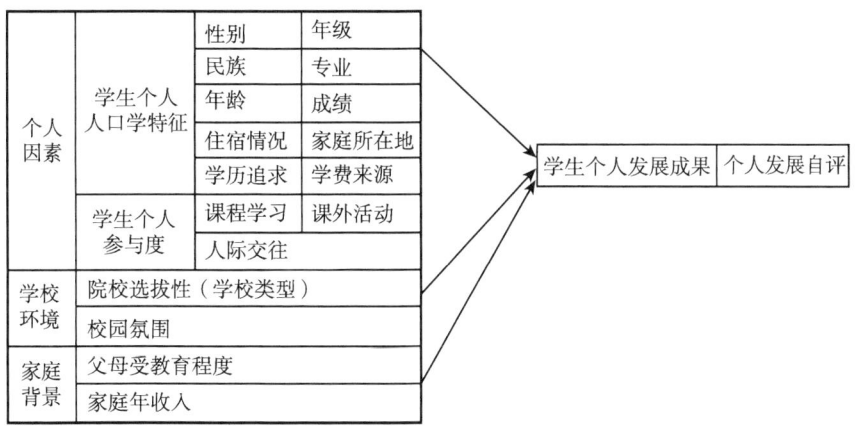

图 3-1 研究框架

第一节 研究设计

一、研究对象

本书研究对象的总体是湖南省所有本、专科院校在读一年以上的大学生（研究生除外），包括4所"211"工程院校、28所一般本科院校及72所高职高专院校。调查采用分层抽样的方式，首先将湖南省高校区分为"211"工程高校、一般本科院校、高职高专院校三类，进行院校抽样，选取了8所不同类型层次的院校。确定调查院校后，再分别在文科、理科、工科三个不同学科院系专业中分别从大二、大三、大四三个不同年级进行样本抽取，如表3-1所示。施测具体时间是2013年10月初（新学期开学后接近一个月）。由于大一学生刚刚进入大学，对于大学校园生活尚没有全面的体验和了解，提供的信息满足不了研究的需要，本书将他们排除在施测样本之外。本次调查共发放问卷1980份，回收1724份，回收率为87.1%，经过回收问卷、审核问卷、剔除废卷、问卷编码和人工录入之后，剔除了366份无效问卷，并对问卷中少数漏答的题目以缺失值表示，最后共获得有效问卷1358份。

表3-1 样本一览

院校类型	选定院校	学科类型	选定学院	选定专业	年级	样本数量
"211"工程高校	湖南大学	文科	经济与贸易学院	国际经济与贸易、经济学	大二	30
					大三	30
					大四	30
		理科	化学化工学院	化学、化学工程与工艺	大二	30
					大三	30
					大四	30

续表

院校类型	选定院校	学科类型	选定学院	选定专业	年级	样本数量
"211"工程高校	湖南大学	工科	土木工程学院	土木工程、给水排水工程	大二	30
					大三	30
					大四	30
	湖南师范大学	文科	外国语学院	英语、日语	大二	30
					大三	30
					大四	30
		理科	资源与环境科学学院	地理科学、资源环境与城乡规划管理	大二	30
					大三	30
					大四	30
		工科	工程与设计学院	计算机科学与技术、电子信息工程	大二	30
					大三	30
					大四	30
一般本科院校	湖南农业大学	文科	公共管理与法学学院	公共管理、法学	大二	30
					大三	30
					大四	30
		理科	理学院	统计学、材料化学	大二	30
					大三	30
					大四	30
		工科	资源环境学院	安全工程、环境工程	大二	30
					大三	30
					大四	30
	中南林业科技大学	文科	旅游学院	旅游管理、酒店管理	大二	30
					大三	30
					大四	30
		理科	生命科学与技术学院	生物技术、生态学	大二	30
					大三	30
					大四	30
		工科	材料工程与技术学院	木材科学与工程、化学工程与工艺	大二	30
					大三	30
					大四	30

续表

院校类型	选定院校	学科类型	选定学院	选定专业	年级	样本数量
一般本科院校	湖南文理学院	文科	外国语学院	英语、日语	大二	30
					大三	30
					大四	30
		理科	资源环境与旅游学院	地理科学、地理信息系统	大二	30
					大三	30
					大四	30
		工科	土木建筑工程学院	土木工程、城乡规划	大二	30
					大三	30
					大四	30
	湖南农业大学东方科技学院	文科	经济管理学部	经济学、市场营销	大二	30
					大三	30
					大四	30
		理科	生命科学学部	生物技术	大二	30
					大三	30
					大四	30
		工科	理工学部	土木工程、环境工程	大二	30
					大三	30
					大四	30
高职高专院校	长沙民政职业技术学院	文科	社会工作学院	社会工作与管理、人力资源与管理	大二	30
					大三	30
		理科	软件学院	计算机网络技术、软件技术	大二	30
					大三	30
		工科	电子信息工程学院	电气自动化、应用电子技术	大二	30
					大三	30
	湖南生物机电职业技术学院	文科	人文科学学院	商务英语、旅游管理	大二	30
					大三	30
		理科	植物技术学院	生物技术及应用	大二	30
					大三	30
		工科	机械工程学院	模具设计与制造、机械制造与自动化	大二	30
					大三	30

二、研究假设

借鉴以往研究成果,本书提出以下假设:

(1) 考查学生家庭背景对大学生发展成果的影响,即认为学生的家庭背景越好,大学生的发展成果越好,如父母文化水平高,家庭经济状况好的大学生从大学教育中获得的发展较大。

(2) 考查校园环境对大学生发展成果的影响,即认为校园学术环境和人际环境越利于学生个人发展,学生个人的发展成果越大。

(3) 考查学生个人因素对大学生发展成果的影响,即认为不同年级、不同成绩等级、不同学历追求、不同学费来源的学生的发展程度存在差异性,学生在校园各项活动(课程学习、课外活动、人际交往)中的参与程度越高,大学学习之后获得的发展越大。

三、研究工具

本书的研究工具是《大学生就读经验调查问卷》,主要围绕学生在大学就读期间的学习经验及大学生个人的发展程度来设计相关问题,以便了解学生在大学校园内各种具有教育意义的活动中的参与状况,并搜集掌握大学生经过大学教育之后对自身发展成果的自评数据。在本书调查问卷的设计过程中,主要参考了"美国大学生就读经验问卷"(CSEQ)、"全国大学生参与度调查问卷"(NSSE)、周作宇修订的适合我国国情的"中国大学生就读经验问卷"(CCSEQ)及鲍威的"北京高校学生学业发展状况调查问卷"。

1. 问卷内容及结构

CSEQ 问卷主要包括四个部分的内容,即学生背景信息、校园基本活动、对校园环境的感知和评价、大学学习收获自评。问卷的主体部分是校园基本活动,囊括了如课程学习、课外活动、师生或同伴交往等大学就读期间所有的学习行为。NSSE 问卷包括四个主要部分:学生行为、学校的行动和要求、学生对就读经历和大学的看法、学生的基本信息。周作宇的"中国

大学生就读经验

大学生就读经验问卷"在结构上包括学生背景信息、学生在校期间与学习有关的各种活动、学生对大学校园环境的感知、学生对自己在大学里的收获的自我报告四个部分。鲍威的"北京高校学生学业发展状况调查问卷"包括学生基本信息、高校教学质量和方法、学生满意度及学生能力的发展等内容。在综合参考借鉴上述四个成熟调查问卷的基础之上,我们设计编制了本研究的调查问卷,问卷的主要内容选取了能比较全面地反映大学生就读经验和个人发展程度的问题,包括学生在大学各项有意义的活动中投入的时间、参与程度,对学校环境的评价及对自身发展成果的评价,主要分为背景信息、校园活动(课程学习活动、课外活动、人际交往活动)、对校园环境的感知和评价、学生个人发展自评四个部分,共计91道题目。

学生背景信息主要考查学生的性别、民族、年龄、所在学校类型、年级、专业、生源地类型、父母受教育程度、家庭年收入、在读期间住宿情况、在校期间的成绩等级、学历追求及学费主要来源等。其中,生源地类型分为城市、乡镇或农村两个选项,"学历追求"项考查的是学生的学习动机。

关于校园活动和对校园环境的感知和评价这两部分的设计,考虑到在校期间的校园活动和反映学校氛围的因素,我们为了将学生的各种校园经历和体验更加全面地囊括进来,找到反映问题的关键点,做到全面而简练,对前人的研究成果进行了深度思考研究,以找到系统的理论支撑依据。学者阿斯汀多年致力于学生学习参与度的研究,取得了卓著的研究成果,获得了广泛认可。奇克林与甘姆森的"良好本科教育的七原则"对大学校园中最直接关乎学生发展的相关教育活动进行了总结和归纳,为后来有关"学生就读经验"的研究及测量模型的设计提供了重大支持。因此本书问卷中校园活动部分的设计,根据阿斯汀研究中的相关理论,结合奇克林良好本科教育七项原则,参考美国问卷CSEQ及第四版汉化版问卷CCSEQ,我们主要选取了能够促进学生发展的一些校园活动和体验,包括以下三个部分:课程学习、课外活动、人际交往,共包含各类经验42项。对校园环境的感知和评价这一部分主要从两个方面来反映:学校学术环境和学院人际关系,共10项。

其中对参与某一项具体活动的频率的测量,采用五点计分法,1表示"从不",2表示"偶尔",3表示"一般",4表示"频繁",5表示"非常频繁";对每周投入到某项具体活动的时间的测量,也采用五点计分法,1~5分别代表少于5小时、5~15小时、16~25小时、26~35小时、35小时以上;涉及近一年的阅读量(包括阅读指定参考书和自由阅读书籍),参加的考试数量,撰写的论文或报告的数量同样采用五点计分法,1~5分别代表没有、少于5、5~10、10~20、20以上;此外调查了课堂作业,主要考查学生记忆能力、分析能力、组织综合能力、判断能力及将理论运用到实际中的能力。考查学校学术环境层面,采用四点计分法,"几乎不强调"计1,"一般"计2,"强调"计3,"非常强调"计4;考查学院人际关系,同样采用四点计分法,1~4分别代表非常不融洽、一般、融洽、非常融洽。

考虑到大学学习生活经历促进学生的发展是多方面的,学生个人的发展成就不可能仅通过两三个简单的测量就能得到真实全面的反映,我们通过文献分析发现学者阿斯汀已经对这个问题进行了定量研究,并形成了相关概念框架,本书可以借鉴其理论以选择合适的成果变量来考查大学生各方面的发展情况。阿斯汀经过长期的研究,从成果类型、考查资料特性以及时间三个维度对学生成就做出系统定义,总结提炼出一套学生成就分类系统,如表3-2所示,具有重要影响力和参考价值。这一学生成就分类系统对学生发展成果的考虑较为全面,我们借鉴使用可以减少对学生发展成果测量的遗漏。此外,考虑到我国目前教育现状,这种结果分类系统的内容在实际研究中可做出必要的补充与修改。由于本书的对象为在校大学生,要求只能对目前的发展成果进行自我评价,因此对于学生毕业之后才能体现出来的发展,本书未列入在内。调查问卷中第23题为大学生对经历大学学习生活后自身发展程度的考查,采用五点计分法,1~5分别代表几乎没有、较少、一般、较大、极大。

表 3-2 阿斯汀的学生成果分类系统

资料特性	成果类型	
	认知层面	情感层面
心理	学科知识	价值
	学术能力	兴趣
	批判性能力	自我定义
	基本学习技能	态度
	特殊智能	信念
	学术成就	院校满意度
行为	学位的获得	领导能力
	职业成绩	公民的职责和权利
	获得奖励	人际关系
		爱好

资料来源：Alexander W. Astin. Assessment for Excellence: The Philosophy and Practice of Assessment and Evaluation in Higher Education [M]. New York: American Council on Education/Macmillan, 1991.

此外，问卷中第19题是学生对四年学习经历的整体态度和评价的测量，第20题是学生对学校的认可度的测量。本书的完整问卷详见附录1。

2. 问卷的信效度分析

较好的信度和效度是测量工具有效的必要条件。下面对本书调查问卷的信效度进行分析，包括内部一致性信度及内容效度分析。

信度分析。采用 Cronbach α 系数来分析本书问卷的信度。课程学习、课外活动、人际交往、对校园环境的感知、学生个人发展自评及各部分汇总后的 Cronbach α 系数如表3-3所示。由各项目 Cronbach α 系数均大于0.70，合并之后的 Cronbach α 系数大于0.80，可知本书问卷的信度较好[①]。

[①] 一份量表或问卷的 Cronbach α 系数在0.8以上，分量表的 Cronbach α 系数在0.7以上通常被视为具有较好的内部信度。陈超，邹滢. SPSS15.0中文版常用功能与应用实例精讲 [M]. 北京：电子工业出版社，2009.

第三章　湖南省大学生就读经验的调查分析

表3-3　信度分析

项目	子题目数量	Cronbach α 系数
课程学习	14	0.782
课外活动	12	0.828
人际交往	16	0.920
对校园环境的感知	12	0.716
学生个人发展自评	22	0.928
合并	76	0.952

内容效度。本书研究工具的确定以大量研究文献为支撑，借鉴了过去已有的成熟调查问卷，将能反映学生校园经历和学生发展成就的相关问题纳入到问卷之中并作为问卷的主要内容，同时将其他可能会影响研究结果的背景因素如学校类型、专业、家庭年收入、成绩等级等也纳入到问卷之中。在问卷修订时得到了教育学专家、教育工作者和部分大学生的参与和指导，这些都保证了问卷具有良好的内容效度。

第二节　研究结果与分析

在对调查问卷进行编码及数据录入后，通过频数分析，本书研究结果所有数据的缺失值均在5%以内，统计上可以忽略，不会对研究结果造成重大影响。我们对整理录入到SPSS21.0统计软件中的有效数据进行了统计分析。

一、大学生背景信息情况与分析

本书所做研究的有效样本数量为1358个，其中男性653名（48.1%），女性705名（51.9%）；调查对象年龄92.0%在19~23岁，符合湖南省大学生群体的实际情况；307名（22.6%）学生来自"211"工程院校、769名（56.6%）学生来自一般本科院校，282名（20.8%）学生来自高职高专院校；抽取研究对象的年级分布，大二、大三、大四各为538名、525名、295名，分别占

大学生就读经验

样本总量的39.6%、38.7%、21.7%；专业分布结构为人文社科32.3%、理科41.2%、工科26.5%；66.5%的被测学生来自乡镇；研究对象父母的学历以高中、初中及以下为主；家庭年收入基本上在5000~10万元；95.8%的研究对象住在校内宿舍；学习成绩在70~90分的研究对象占83%；有59.0%的学生选择毕业后追求更高学历；89.1%的研究对象学费来源于父母。被测大学生的背景信息汇总如表3-4所示。

表3-4 调查对象背景信息汇总

变量	特征	频数	百分比（%）
性别	男	653	48.1
	女	705	51.9
民族	汉族	1218	89.7
	少数民族	140	10.3
年龄	小于19岁	93	6.8
	19~23岁	1249	92.0
	24~29岁	16	1.2
学校类型	"211"院校	307	22.6
	一般本科院校	769	56.6
	高职高专院校	282	20.8
年级	大二	538	39.6
	大三	525	38.7
	大四	295	21.7
专业类别	人文社科	439	32.3
	理科	559	41.2
	工科	360	26.5
家庭所在地	城市	453	33.4
	乡镇	903	66.5
	缺失值	2	0.1

续表

变量	特征	频数	百分比（%）
父亲受教育程度	小学及以下	162	11.9
	初中	497	36.6
	高中	430	31.7
	大专	124	9.1
	本科	129	9.5
	硕士	9	0.7
	博士	7	0.5
母亲受教育程度	小学及以下	260	19.1
	初中	513	37.8
	高中	354	26.1
	大专	125	9.2
	本科	93	6.8
	硕士	9	0.7
	博士	4	0.3
家庭年收入	5000元以下	170	12.5
	5000~1万元	388	28.6
	1万~4万元	424	31.2
	4万~10万元	276	20.3
	10万元以上	99	7.3
	缺失值	1	0.1
住宿情况	家中	37	2.7
	校内宿舍	1301	95.8
	校外租房	18	1.3
	其他	2	0.1
成绩等级	90分以上	48	3.5
	80~90分	501	36.9
	70~80分	627	46.2
	60~70分	177	13.0
	60分以下	5	0.4

大学生就读经验

续表

变量	特征	频数	百分比（%）
更高学历追求	会	801	59.0
	不会	544	40.0
	缺失值	13	1.0
学费来源	自己	21	1.5
	父母	1210	89.1
	奖学金	41	3.0
	贷款	65	4.8
	其他	18	1.3
	缺失值	3	0.2

二、大学生的发展过程情况分析

1. 大学生的课程学习参与情况与分析

课程学习参与情况通过14道题来测量，包括每周分配在课堂学习、课外学习（预习、复习、完成作业等）的时间；利用图书馆查阅所需资料、在图书馆自习、上课认真做笔记、课堂积极提问并参与讨论、在课堂上做口头报告、完成课堂规定的作业、利用互联网获得所需信息或辅助学习；课程作业性质强调学生某方面的能力；近一学年阅读量（阅读指定参考书、自由阅读书籍）、参加课程考试数量及完成课程论文或其他书面报告的数量。图3-2为课程学习维度的基本情况。

图3-2显示了大学生投入在课程学习活动各指标上的时间和精力及参与各种学习活动的频率。大学生在课程学习上投入的时间较多，而在课外学习上投入的时间较少，这在统计学意义上验证了目前大学生在课程学习上"高课堂投入/低课外投入"的普遍状况。近一学年每周投入至少26小时在课程学习上的学生有48.15%；虽然投入至少26小时在课外学习上的学生有16.79%，但每周课外学习投入不足5小时的学生却占到了22.97%，鉴于大

学课业压力普遍比较大的情况,想要"术业有专攻"仅依靠课堂学习是远远不够的,而每周不足 5 小时,平均每个工作日不到 1 小时的课外学习时间似乎不足以应对这样的压力,这样的课外学习情况令人堪忧。

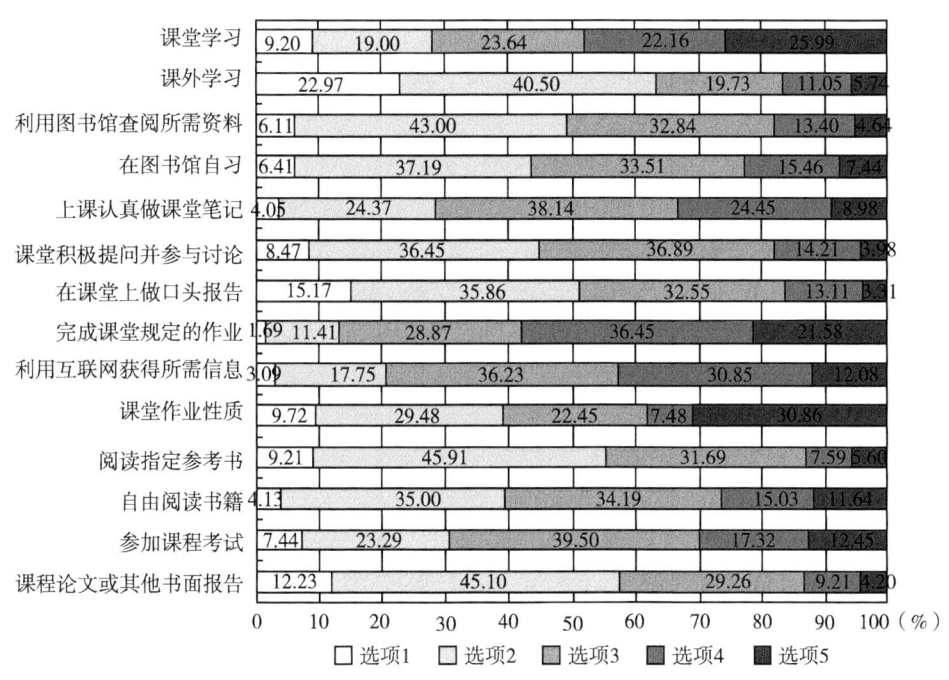

图 3-2 课程学习维度的基本情况汇总

注:图中 1~5 选项与各题目中的 1~5 选项一一对应,将所有反映课程学习情况的题目整合到一个图表中可以集中直观地展示具体回答情况。

从课堂学习和课外学习具体内容来看,课堂学习中参与频率最高的是"完成课堂规定的作业",次之是"上课认真做课堂笔记","课堂积极提问并参与讨论"、"在课堂上做口头报告"这两项活动的参与频率不高,频繁或非常频繁参与这两项活动的学生不到20%,甚至有15.17%的调查对象表示从未在课堂上做过口头报告。课外学习主要考查在图书馆学习的情况,"利用图书馆查阅所需资料"、"在图书馆自习"的参与频率不高,主要以"偶尔"和"一般"为主。此外,从互联网的利用情况来看,有42.93%的调查对象认为自己"频繁"及"非常频繁"地从互联网上获得所需信息,这符合对高校大学生的日常认知,与目前互联网的普及和大学生积极接触网络信息的主动意愿相关。

从阅读量、写作量和参加考试的数量来看,参加课程考试和自由阅读书籍的频率较高,而阅读指定参考书、撰写课程论文或其他书面报告的参与状况不佳。近一年阅读指定参考书的数目、自由阅读的书籍数目、参加课程考试数量及完成课程论文或其他书面报告的数量基本集中在少于10本(门/篇),其中参加课程考试11门以上的学生为29.77%,自由阅读书籍11本以上的学生为26.67%,阅读指定参考书和完成课程论文或其他书面报告的数量超过11本/篇的学生所占比例分别仅为13.19%、13.41%,甚至有12.23%的调查对象表示没有写过课程论文或者其他书面报告。调查发现,湖南省被测高校的课堂作业性质以考查将理论运用到实际中的能力和分析能力为主,其次是考查组织综合能力。其中将理论与实际相结合是教育目标中比较重要的问题,将理论运用到实际中能使课本知识更生动、更深刻,学生也更容易理解吸收。从课堂作业性质可见被调查的湖南高校对培养大学生理论联系实际的能力非常重视,这也符合目前社会对大学生人才的要求。

2. 大学生的课外活动情况与分析

课外活动参与情况通过12道题来测量,包括每周分配在参加校内外勤工俭学活动,参加社团、学生组织的课外活动,进行休闲娱乐(电视、聚会、游戏)及参加体育锻炼的时间;在学校参加各种学术讲座、沙龙、论坛,使用校园的学生实验室或中心,使用校园娱乐休闲设施放松或进行锻炼,参与校园社团或学生组织,在校内外社团或组织中从事管理工作或担任领导职务,参加社会实践或实习,参加或观看艺术、音乐、戏剧表演。

本调查问卷中"课外活动"维度均采用五点计分法来考查各项目的时间分配及参与频率,所以3分是理论上的中等强度观测值。从表3-5中课外活动维度各项目的平均得分来看,所有项目的平均得分均低于理论平均值3分,可见高校大学生在课外活动维度的参与程度偏低。在课外活动中,平均

第三章 湖南省大学生就读经验的调查分析

分得分最高为"参与校园社团或学生组织",其次为"参加社会实践或实习",再次为"在校内外社团或组织中从事管理工作或担任领导职务",平均分较低的为参加体育锻炼和校内外勤工俭学活动,其均值均低于2分,说明大学生在这两项活动上的参与度极低。

表3-5 课外活动维度得分情况

项目	均值	标准差
参与校园社团或学生组织	2.97	1.05
参加社会实践或实习	2.91	0.96
在校内外社团或组织中从事管理工作或担任领导职务	2.76	1.15
使用校园娱乐休闲设施(健身设施、球场等)放松或进行锻炼	2.76	0.98
参加或观看艺术、音乐、戏剧表演	2.67	0.94
在学校参加各种学术讲座、沙龙、论坛	2.61	0.94
休闲娱乐(电视、聚会、游戏)	2.45	1.09
使用校园的学生实验室或中心	2.44	1.02
参加社团、学生组织的课外活动	2.02	1.06
参加体育锻炼	1.97	1.02
参加校外勤工俭学活动	1.76	1.00
参加校内勤工俭学活动	1.61	0.92

从图3-3可以看出,每周投入超过16小时在休闲娱乐活动上的大学生群体占总数的41.45%,其中投入时间超过26小时的学生有15.09%,即这些学生每天有近4小时用来休闲娱乐。而在体育锻炼的参与方面,有39.69%的学生每周投入不足5小时,且43.37%的学生表示"从不"或"偶尔"使用校园娱乐休闲设施(健身设施、球场等)放松或进行锻炼。可见,湖南省高校大学生存在投入过多时间在休闲娱乐上,投入很少时间在体育锻炼上的问题。

在社团、学生组织的参与方面,33.68%的大学生每周参加社团、学生组织的课外活动的时间为5~15小时,38.61%的学生每周参加社团、学生组

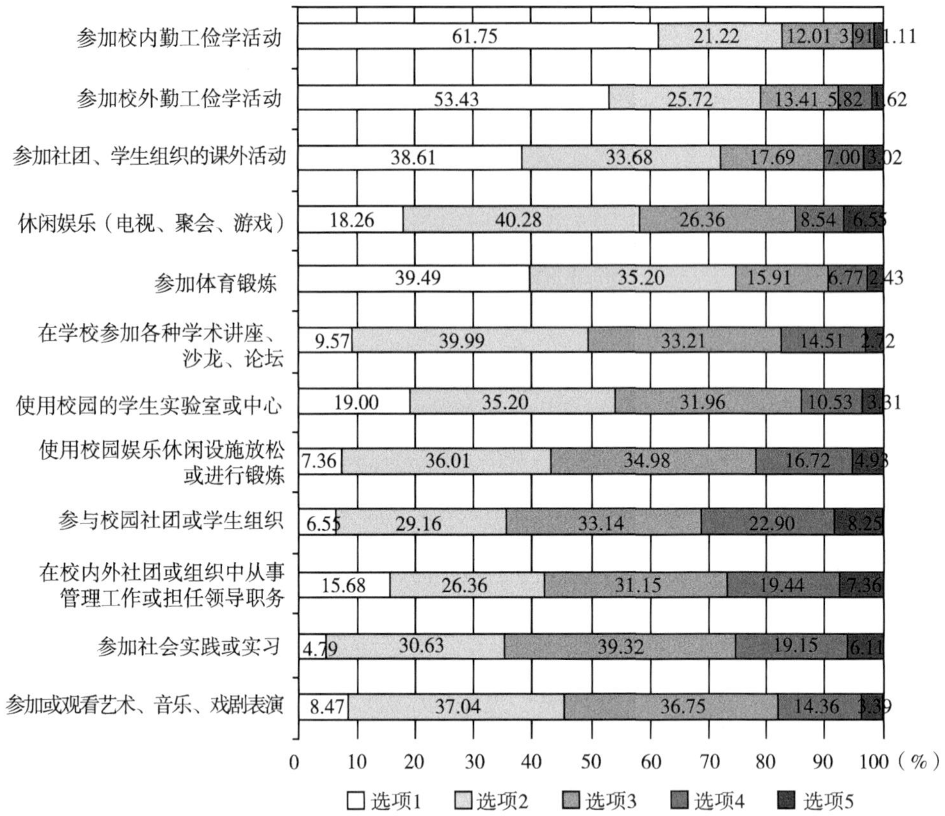

活动	选项1	选项2	选项3	选项4	选项5
参加校内勤工俭学活动	61.75	21.22	12.01	3.91	1.11
参加校外勤工俭学活动	53.43	25.72	13.41	5.82	1.62
参加社团、学生组织的课外活动	38.61	33.68	17.69	7.00	3.02
休闲娱乐（电视、聚会、游戏）	18.26	40.28	26.36	8.54	6.55
参加体育锻炼	39.49	35.20	15.91	6.77	2.43
在学校参加各种学术讲座、沙龙、论坛	9.57	39.99	33.21	14.51	2.72
使用校园的学生实验室或中心	19.00	35.20	31.96	10.53	3.31
使用校园娱乐休闲设施放松或进行锻炼	7.36	36.01	34.98	16.72	4.93
参与校园社团或学生组织	6.55	29.16	33.14	22.90	8.25
在校内外社团或组织中从事管理工作或担任领导职务	15.68	26.36	31.15	19.44	7.36
参加社会实践或实习	4.79	30.63	39.32	19.15	6.11
参加或观看艺术、音乐、戏剧表演	8.47	37.04	36.75	14.36	3.39

图 3-3 课外活动维度的基本情况汇总

注：图中选项 1~5 与各题目中的 1~5 选项一一对应。

织的活动的时间不足 5 小时。同时，有 31.15% 的调查对象表示"频繁"或"非常频繁"参加校园社团或学生组织，有 26.8% 的调查对象表示"频繁"或"非常频繁"在校内外社团或组织中从事管理工作或担任领导职务，但有 15.68% 的学生表示从未在校内外社团或组织中从事管理工作或担任领导职务。这说明一部分学生热衷于参加校园社团或学生组织，而大部分学生却很少参与其中。这可能与湖南高校为开展社团活动提供了良好的制度环境相关，为想要通过社团活动拓宽社交网络、提高社交能力的学生提供了机会。但社团、学生组织的课外活动的参与主要依赖于学生的个人意愿和兴趣，因而参加社团活动的频率、社团活动中投入的时间因每个人兴趣和追求的不同而不同，想要提升自身能力的学生更倾向于投入更多时间和精力在社团、学生组织中。

近一年来每周花在校内、外勤工俭学上的时间少于 5 小时的调查对象分别占总数的 61.75% 和 53.43%。可见，学生投入在勤工俭学上的时间是很少的。究其原因是相对本科生人数这一较大基数而言，每个人能得到学校提供的校内勤工俭学的机会比较少。况且勤工俭学主要针对的是家庭相对贫困的那一部分学生，这一部分学生本来就只占一小部分。而校外提供的勤工俭学信息，很多都是虚假欺骗信息，存在严重的不规范问题，且一般工作时间长、收入比较低，学生可能出于这一考虑不会过多参加社会上的兼职工作。

从校园文化活动参与情况来看，有 49.56% 的学生表示"从不"或"偶尔"参加各种学术讲座、沙龙、论坛，有 45.51% 的学生表示"从不"或"偶尔"参加或观看艺术、音乐、戏剧表演。这说明很多大学生并没有积极参与到各种校园文化活动中来，也没有很好地利用各种学术讲座、学术沙龙及艺术展扩展自己的见识，从中吸收积极、正面的力量。"使用校园的学生实验室或中心"一项表现最不佳，有 19% 的学生表示从未使用过学生实验室或中心来提高自己的研究或学术技能，这说明大学生很少主动利用学校设施进行课外学术研究活动。

参加社会实践或实习的频率以"偶尔"和"一般"为主，"频繁"或"非常频繁"参加社会实践或实习的学生占 25.26%，仅有 4.79% 的被测对象表示从未参加过社会实践或实习。究其原因，一方面，参加社会实践或实习的程度受制于学校比较繁重的课业和学习压力，学生很少有成块的时间出去实践或实习，学校提供的实习或实践无论在数量还是时间上都十分有限；另一方面，学生个人对社会实践或实习机会的渴望程度也关系到社会实践或实习的参与度。若学生的渴望程度很高，就会主动寻找实践机会，投入更多精力和时间。

3. 大学生的人际交往情况与分析

人际交往情况通过 16 道题来测量，分为师生交往和生生交往两个方面，

大学生就读经验

师生交往主要考查学生与教师在课堂学习、课题研究及日常生活上的交往情况，生生交往主要考查学生与同学课堂学习、价值观念、爱好和理想等内容的交往情况，以及与不同背景特征的同学相互交往的情况。

本调查问卷中"人际关系"维度均采用五点计分法，故 3 分仍是人际交往维度理论上的中等强度观测值。从表 3-6 人际交往维度得分情况来看，师生交往除了"更加努力地学习，以达到教师的期待或标准"这一项目的平均分为 3.07 外，其余各项目的平均分均小于 3 分；生生交往除了"与同学讨论课堂上或书本中的知识"、"与同学交流学习心得体会"两项的平均分小于 3 分外，其余各项的平均分均大于 3 分。可见，生生交往的参与情况比师生交往的参与情况要好得多。

表 3-6 人际交往维度得分情况

项目	均值	标准差
与同学讨论个人生活观、爱情观或价值观	3.23	0.97
结识和自己专业不同的同学	3.21	0.97
与同学讨论个人兴趣爱好或职业理想	3.20	0.93
结识和自己家庭背景（经验、社会）不同的同学	3.20	0.94
结识和自己年龄不同的同学	3.15	0.96
与同学合作完成课程任务（如课堂讨论、小组活动）或课题	3.11	0.94
更加努力地学习，以达到教师的期待或标准	3.07	0.96
与同学分享困难，寻求心理支持和心理安慰	3.05	0.97
与同学讨论课堂上或书本中的知识	2.99	0.92
与同学交流学习心得体会	2.98	0.95
老师对您的学习表现做出评价	2.76	1.01
与老师讨论关于课堂教学内容的问题	2.58	0.97
与老师讨论课程论文和课程作业的问题	2.54	1.00
与老师讨论自己的职业规划	2.44	1.04
与老师一起参加一些课外日常交往活动	2.43	1.07
与老师一起进行某课题的研究	2.42	1.12

师生交往方面，平均分得分最高的是"更加努力地学习，以达到教师的期待或标准"（3.07分），其次依次为"老师对您的学习表现做出评价"（2.76分）、"与老师讨论关于课堂教学内容的问题"（2.58分）、"与老师讨论课程论文和课程作业的问题"（2.54分）、"与老师讨论自己的职业规划"（2.44分）、"与老师一起参加一些课外日常交往活动"（2.43分）、"与老师一起进行某课题的研究"（2.42分）。可见，师生交往在与课堂学习相关的问题上表现更好，这表现出老师与学生沟通和交往的主要内容是课程学习方面，交流形式主要是课堂交流，课外交往或课堂学习之外的交流不容乐观，参加课题研究的机会更是少之又少。从图3-4可以看出，24.74%

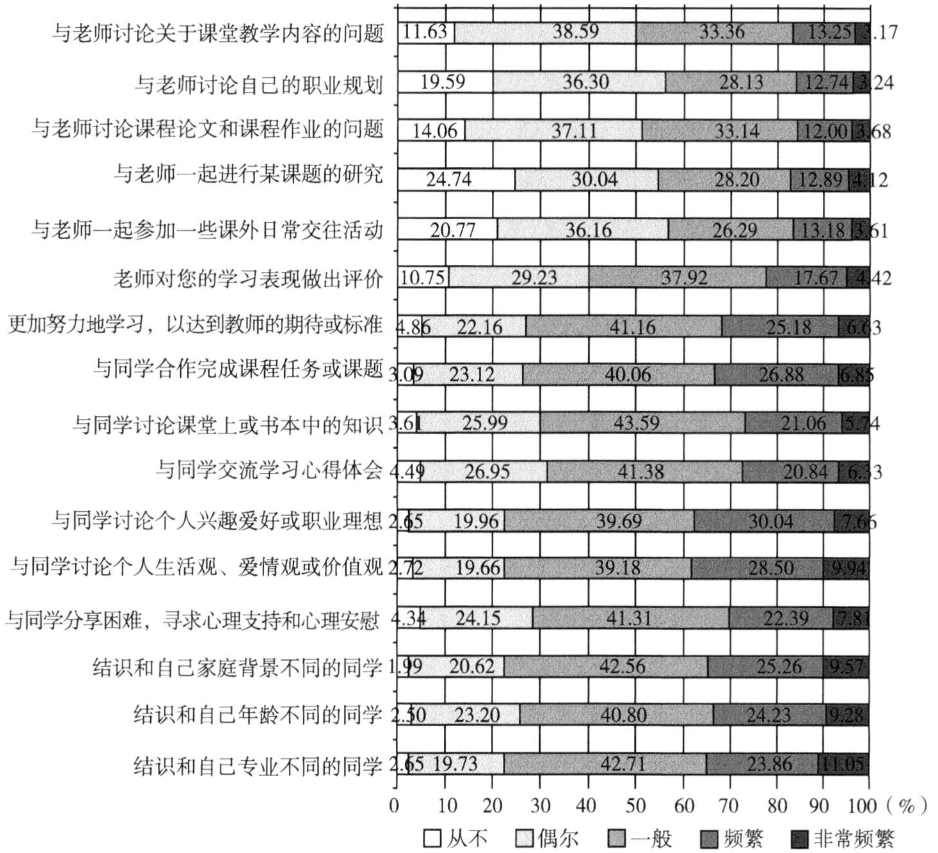

图3-4 人际交往维度的基本情况汇总

的学生表示从未与老师一起进行某课题的研究，20.77%的学生表示从未与老师一起参加过课外日常交往活动，从未与老师讨论过自己职业规划的学生有19.59%，还有10%以上的学生从未与老师讨论过有关课堂教学内容、课程论文和课程作业的问题，更有10.75%的学生表示老师从未对自己的学习表现做出评价。师生交往还存在很严重的不足，师生之间缺乏必要的沟通交流，尤其在日常生活交往、职业发展指导方面处于缺位的状态，值得我们深思和研究。美国良好本科教学七原则的第一个原则就是建立师生间的密切关系，可见师生关系对于良好本科教育的重要性。师生之间良性互动是一个双方互惠的过程，可以帮助教师更好地开展教学，也可以调动学生的学习积极性。然而，从调查数据来看，湖南高校在师生互动这一指标上得分偏低，教学环节的质量堪忧。

生生交往方面，平均分得分较高的是"与同学讨论个人生活观、爱情观或价值观"（3.23分）、"结识和自己专业不同的同学"（3.21分）、"与同学讨论个人兴趣爱好或职业理想"（3.20分），而"与同学分享困难，寻求心理支持和心理安慰"、"与同学讨论课堂上或书本中的知识"、"与同学交流学习心得体会"这三项得分比较低，分别为3.05分、2.99分、2.98分。可见，生生交往的参与程度较高，学生与同伴群体接触最多，无论是价值观、爱好、态度等各方面相互之间的影响也最大。

从学生交往的内容来看，学生主要热衷于讨论个人对生活、爱情的看法、兴趣爱好以及职业理想，也乐于与同学合作去完成课程任务，但对于分享困难、讨论专业知识及交流学习心得参与程度较低。图3-4显示，有近40%的被测对象"频繁"或"非常频繁"地与同学讨论个人生活观、爱情观或价值观、兴趣爱好或职业理想；"与同学合作完成课程任务或课题"这一项，选择"频繁"或"非常频繁"的学生也占到被测总数的33.73%；而30%左右的学生表示"从未"或"偶尔"与同学分享困难、讨论课堂或书本知识及交流学习心得体会。

从交往的层次来看，结识和自己家庭背景不同、年龄不同、专业不同同学的得分分别是3.20分、3.15分、3.21分，可见大学生与不同专业、不同家庭背景的同学交往较为密切。这是因为学生交往中，接触机会较多的是不同专业和不同家庭背景的同学，而现有的教育制度下，学生周边同学的年龄差距很小，因而和不同年龄同学的接触机会则相对较少。

4. 大学生对校园环境的感知情况与分析

对校园环境的感知情况通过对学校的态度和学校氛围两个方面来测量，一共12道题，包括对学校的态度；对学校的选择；学术、学业、智力发展；审美能力、表达能力和创造素质的发展；批判、评判和分析能力的发展；交流、沟通和合作能力的发展；计算机和其他信息资源运用能力的发展；职业和工作能力的发展；和同学的关系；和班主任/辅导员的关系；和任课老师的关系；和行政管理人员及学院领导的关系。基本情况如表3-7和图3-5所示。

表3-7 对学校环境的感知维度得分情况

项目	均值	标准差
和同学的关系	3.04	0.65
和任课老师的关系	2.70	0.69
和班主任/辅导员的关系	2.69	0.70
交流、沟通和合作能力的发展	2.61	0.77
职业和工作能力的发展	2.61	0.80
对学校的态度	2.57	0.69
对学校的选择	2.55	0.87
学术、学业、智力发展	2.53	0.77
计算机和其他信息资源运用能力的发展	2.51	0.75
和行政管理人员及学院领导的关系	2.45	0.71
批判、评判和分析能力的发展	2.43	0.77
审美能力、表达能力和创造素质的发展	2.41	0.76

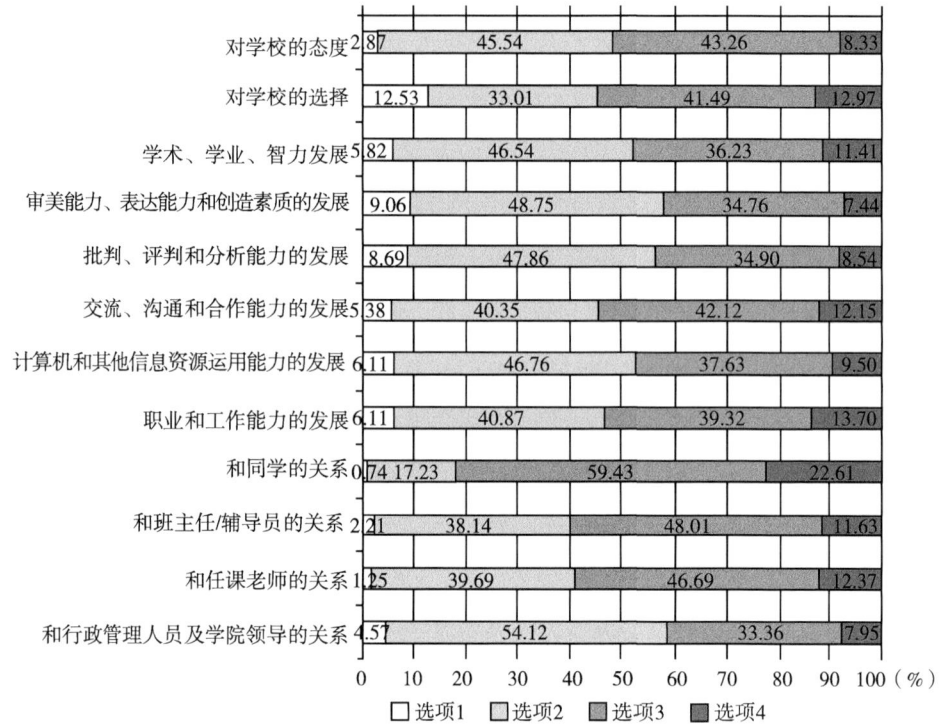

图 3-5 对学校环境的感知基本情况汇总

注：图中选项 1~4 与各题目中的 1~4 选项一一对应，如"对学校的态度"，选项 1~4 分别代表"讨厌"，"不喜欢、也不讨厌"，"喜欢"，"非常喜欢" 4 个选项；"对学校的选择"，选项 1~4 分别代表"不、肯定不会"，"可能不会"，"可能会"，"是的、肯定会" 4 个选项；学校的侧重点如"学术、学业、智力发展"，选项 1~4 分别代表"几乎不强调"，"一般"，"强调"，"非常强调" 4 个选项；学校人际关系的评价如"和同学的关系"等，选项 1~4 分别代表"非常不融洽"，"一般"，"融洽"，"非常融洽" 4 个选项。

对学校的态度主要考查学生对学校的喜好程度，分为四个选项：1=讨厌，2=不喜欢、也不讨厌，3=喜欢，4=非常喜欢。由图 3-5 可知，选择 1、2、3、4 四个选项的学生分别占据 2.87%、45.54%、43.26%、8.33%。总的来说，51.59% 的学生"喜欢"或"非常喜欢"自己目前就读的学校，对学校表现出较强的认同感。

考查学生对学校的选择从四个不同程度来测量：1=不、肯定不会，2=

可能不会，3=可能会，4=是的、肯定会。由图3-5可知，肯定选择目前就读学校的学生占样本总数的12.97%，41.49%的大学生表示可能会选择现在就读的大学，33.01%的学生表示可能不会选择现在的学校，有12.53%的学生表示一定不会选择自己的学校。由此可以看出，54.46%的大学生对于目前自己所处学校有较高的认可度，对学校的高等教育基本满意。然而，对自己所在学校认可度较低的学生也占据了不少的比例，可见学校教育还是存在改善的空间。

我们在考查学校的学术环境和人际环境的评价时均采取从1~4分的四点计分法，要求学生根据自己在这所学校的经验，按照重视程度对学校的各个方面（包括学术、学业、智力发展；审美能力、表达能力和创造素质的发展；批判、评判和分析能力的发展；交流、沟通和合作能力的发展；计算机和其他信息资源运用能力的发展；职业和工作能力的发展）进行评价，并评价自己和同学、班主任/辅导员、任课老师、行政管理人员及学院领导的关系，故2.5分是理论上的中等强度观测值。

从表3-7反映学校侧重点各项目的平均得分来看，除了"批判、评判和分析能力的发展"和"审美能力、表达能力和创造素质的发展"的得分低于2.5分，其余四项均大于理论平均值，且依次为"交流、沟通和合作能力的发展"、"职业和工作能力的发展"、"学术、学业、智力发展"、"计算机和其他信息资源运用能力的发展"。图3-5显示，50%以上的学生认为学校"强调"或"非常强调"交流、沟通和合作能力及职业和工作能力，接近50%的学生认为学校"强调"或"非常强调"学术、学业、智力发展。可见，调查对象认为学校强调最多的三个方面是"交流、沟通和合作能力的发展"、"职业和工作能力的发展"、"学术、学业、智力发展"。毫无疑问，学生在校期间的主要任务是学习，学校理应强调基本的学术智力发展，但是大学学习的最终目的是为了运用所学知识，这要通过合适的岗位才能发挥出来，面对目前大学生就业难的现状，学校强调职业和工作能力也无可厚非。至于交流、沟通和合作能力，无论在学习、工作、生活中都很重要，可以说是必不可缺的一项技能。

从表3-7学校人际环境的评价可知，调查对象评价和同学的关系的得分（3.04分）最高，其次为和任课老师的关系（2.70分），再次为与班主任/辅导员的关系（2.69分），最后为和行政管理人员及学院领导的关系（2.45分），低于理论平均值2.5分。图3-5显示，82.04%的大学生与同学关系"融洽"或"非常融洽"，与班主任/辅导员、任课老师的关系方面，约60%的大学生表示"融洽"或"非常融洽"，与行政管理人员关系上，54.12%的大学生选择了"一般"；大学生与同学关系"非常不融洽"的仅有0.74%，与行政管理人员及学院领导的关系"非常不融洽"的有4.57%。因此，人际关系最融洽的是大学生与同学的关系，与班主任/辅导员、任课老师的关系次之，与行政管理人员及学院领导的关系最差。这与日常生活中的经验印象相吻合，反映出学校各方面人际环境状况。

三、大学生的发展成果情况分析

本书以大学生个人发展自评来考查大学生的发展成果情况，主要通过22个题目来考查自入学以来大学生对自己个人各方面发展情况的评价，每道题目均采用五点计分法，即1＝几乎没有，2＝较少，3＝一般，4＝较大，5＝极大，3分是本维度各项目的理论平均值。从表3-8来看，本维度绝大多数项目的平均值得分均大于3分，这说明大学生对大学教育促进自己发展方面是持肯定态度的，验证了高等教育对大学生发展各项能力的积极作用。

表3-8 大学生个人发展自评维度的得分情况

项目	均值	标准误差	众数	标准差
团队合作意识的发展	3.41	0.02	4.00	0.92
适应变化（新技术，不同工作或环境等）的能力	3.38	0.03	3.00	0.95
人际沟通能力	3.36	0.02	4.00	0.89
形成自己的价值观和伦理标准	3.36	0.02	3.00	0.90
了解自己，包括自己的能力、兴趣和个性	3.35	0.02	3.00	0.91
协调组织能力	3.29	0.02	3.00	0.91
认识到不同的人生哲学、文化和生活方式	3.26	0.03	3.00	0.94

第三章　湖南省大学生就读经验的调查分析

续表

项目	均值	标准误差	众数	标准差
使用电脑和其他信息技术的能力	3.22	0.02	3.00	0.89
有效、自主学习能力	3.21	0.02	3.00	0.91
口语表达能力	3.18	0.02	3.00	0.89
分析思维和逻辑思维能力	3.16	0.02	3.00	0.87
养成健康的生活习惯和合理的作息	3.16	0.03	3.00	0.98
领导管理能力	3.14	0.03	3.00	0.92
通识基础知识	3.12	0.02	3.00	0.87
人文社科知识、人文素质	3.10	0.02	3.00	0.88
专业基础知识和专门知识技能	3.09	0.02	3.00	0.87
创新能力	3.03	0.02	3.00	0.91
定量分析能力	3.03	0.03	3.00	0.92
本专业领域的前沿知识	2.98	0.02	3.00	0.88
职业知识和技能（职业准备）	2.90	0.02	3.00	0.91
写作能力	2.88	0.03	3.00	0.92
对于艺术、音乐和戏剧的理解与欣赏能力	2.79	0.03	3.00	0.94

在考查大学生个人发展情况的各项目中，"团队合作意识的发展"这一指标上的平均分得分最高（3.41分），可见大学生认为在"团队合作意识的发展"上收获最大，接下来依次为"适应变化（新技术，不同工作或环境等）的能力"、"人际沟通能力"、"形成自己的价值观和伦理标准"、"了解自己，包括自己的能力、兴趣和个性"，得分分别为3.38分、3.36分、3.36分和3.35分，得分排最后三位的是"职业知识和技能（职业准备）"（2.90分）、"写作能力"（2.88分）、"对于艺术、音乐和戏剧的理解与欣赏能力"（2.79分），这体现了大学生在大学学习之后各项能力发展的差异状况。调查数据显示，通过大学的学习生活，大学生普遍在团队意识、适应变化的能力、人际沟通能力上获得了较大的发展，能更好地了解自己，确定并形成了自己的价值观和伦理标准，但在"职业知识和技能（职业准备）"、"写作能力"、"对于艺术、音乐和戏剧的理解与欣赏能力"等方面的发展则相对较小。

第三节 大学生发展过程因素对发展成果的影响分析

学生进入大学后,其参与各种活动的实际状况与其发展过程犹如一个"黑箱",尚待去揭示。对于这个"黑箱",国外研究做出了有益的探索,从学生就读经验角度出发,探寻学生的受教育过程,探析学生在学期间所参与的活动、大学校园环境等因素对其发展成果的影响,这些研究对我国大学生发展的探索产生了有益的启示。本书通过大学生的个人发展自我评价来衡量其经过大学教育之后的发展成果,拟从家庭背景、学校环境、学生个人因素三个方面来对大学生发展成果的影响进行分析。

一、学生家庭背景因素对大学生发展成果的影响

家庭背景是一个含糊而且宽泛的概念,本书主要通过父母受教育程度和家庭年收入两个指标来刻画和衡量学生的家庭背景。为了弄清楚家庭背景因素对大学生发展的影响究竟如何,本书以学生家庭背景各指标为自变量,以个人发展自评为因变量进行方差分析和回归分析。从表3-9来看,学生家庭背景在学生个人发展自评方面都存在显著差异($P<0.05$),其中不同父母文化水平及不同家庭收入之间的大学生在个人发展的自我评价上均存在显著差异($P<0.05$)。

表3-9 学生家庭背景对大学生发展成果影响的方差和回归分析

	方差分析		回归分析	
	F	显著性	标准化系数($P<0.05$)	R^2
父亲受教育程度	3.907	0.001	0.119	0.014
母亲受教育程度	6.517	0.000	0.138	0.019
家庭年收入	3.465	0.008	0.062	0.004
家庭背景	3.387	0.000	0.130	0.017

从回归分析的结果来看,学生家庭背景对大学生个人发展有积极影响,家庭背景越好,学生取得的发展成果越好。其中,母亲受教育程度对大学生就读期间各方面的发展影响相对较大,其次为父亲受教育程度,家庭收入状况对大学生发展成果的影响最小。由于标准化系数均为正数,说明父母文化程度越高,家庭经济状况越好,学生经过大学期间的教育后取得的发展成果越好。从回归分析的确定系数 R^2 来看,其值在 0.004~0.019,判定系数 R^2 作为衡量自变量对因变量的解释力度的指标,实际上这样的值是较低的。因此,虽然父母文化水平及家庭经济状况这些家庭背景因素的差异与大学生个人发展的差异性之间存在一定的正相关,但是家庭背景(父亲受教育程度、母亲受教育程度、家庭年收入)对本书问卷所测量的大学生发展成果的影响是很有限的。

二、学校环境因素对大学生发展成果的影响

学校层面的变量主要包括学校类型("211"院校、一般本科院校、高职高专院校)和学校环境。本书问卷中采用 10 个题目来测量学生对学校环境的感知。通过 KMO 和 Bartlett 检验[①],KMO 统计量的值为 0.88,接近 0.90,Bartlett 的球形检验的 P 值为 0.00<0.05,可以对这 10 个题目进行因子分析。通过对学校环境的感知各题进行因子分析,共提取了两个公共因子变量,因子 1 的方差贡献率为 37.17%,因子 2 的方差贡献率为 24.15%,两个因子对原有变量的总方差具有 61% 以上的解释能力,如表 3-10 所示。

---

① KMO(Kaiser-Meyer-Olkin)检验依据变量间的简单相关系数和偏相关系数的比较,其取值在 0 和 1 之间。KMO 值越接近于 1,意味着变量间的相关性越强,适合于因子分析;KMO 值接近于 0,则不适合于做因子分析。Kaiser 提供的判断标准是:KMO>0.9,非常适合;0.8<KMO<0.9,适合;0.7<KMO<0.8,一般;0.6<KMO<0.7,适合度较低;KMO<0.6,适合度很低。

表 3-10 关于校园环境的因子分析结果

因子名	题目	因子载荷	
		F1	F2
F1 (学术环境)	学术、学业、智力发展	0.696	0.113
	审美能力、表达能力和创造素质的发展	0.818	0.105
	批判、评判和分析能力的发展	0.803	0.137
	交流、沟通和合作能力的发展	0.797	0.108
	计算机和其他信息资源运用能力的发展	0.724	0.132
	职业和工作能力的发展	0.758	0.140
F2 (人际环境)	和同学的关系	0.198	0.648
	和班主任/辅导员的关系	0.236	0.826
	和任课老师的关系	0.194	0.823
	和行政管理人员及学院领导的关系	0.230	0.738
	因子贡献率	37.17%	24.15%

注：提取方法：主成分分析；旋转法：具有 Kaiser 标准化的四分旋转法。

1. 不同类型学校校园环境的比较分析

由于总体分布未知，本书采用非参数检验来考查不同类型学校的校园环境是否存在差异。从表 3-11 中可知，克—瓦氏单向方差分析显示不同类型学校的校园环境存在显著差异（P=0.00<0.05）。其中，在学校的学术环境方面，不同类型学校在审美能力、表达能力和创造素质，批判、评判和分析能力，交流、沟通和合作能力，计算机和其他信息资源运用能力，职业和工作能力这些方面有显著差异，在学术、学业、智力方面没有表现出差异性（P=0.592>0.05），这说明"211"院校、一般本科院校、高职高专院校都比较强调学生的学术、学业和智力的发展。在校园人际环境方面，不同类型学校的学生在和同学的关系方面没有显著差异，与班主任/辅导员、任课老师及行政管理人员和学院领导的关系上表现出显著差异。

第三章 湖南省大学生就读经验的调查分析

表3-11 不同类型学校校园环境的 Kruskal Wallis 检验统计量

项目	1	2	3	4
学术、学业、智力发展	0.592	0.935	0.364	0.344
审美能力、表达能力和创造素质的发展	0.000	0.002	0.000	0.006
批判、评判和分析能力的发展	0.000	0.000	0.000	0.498
交流、沟通和合作能力的发展	0.003	0.044	0.001	0.031
计算机和其他信息资源运用能力的发展	0.000	0.000	0.000	0.012
职业和工作能力的发展	0.000	0.000	0.000	0.000
和同学的关系	0.930	0.954	0.787	0.707
和班主任/辅导员的关系	0.001	0.039	0.000	0.016
和任课老师的关系	0.010	0.189	0.002	0.026
和行政管理人员及学院领导的关系	0.040	0.013	0.053	0.998
校园环境	0.000	0.001	0.000	0.026

注：1采用 Kruskal Wallis 检验；2、3、4采用 Mann-Whitney U 检验；2为"211"院校与一般本科院校，3为"211"院校与高职高专院校，4为一般本科院校与高职高专院校。

通过 Mann-Whitney U 检验进一步两两比较发现，"211"院校与一般本科院校在校园环境上的差异主要表现在是否强调学生审美能力、表达能力、创造素质，批判、评判和分析能力，交流、沟通和合作能力，计算机和其他信息资源运用能力及职业工作能力上，在人际关系上主要是和班主任/辅导员、行政管理人员及学院领导的关系上存在差异；"211"院校与高职高专院校在校园教育环境上的差异表现和与一般本科院校的差异表现相同，在人际关系上除了班主任/辅导员之外，"211"院校与高职高专院校的学生还在和任课老师的关系方面表现出显著差异，而在和行政管理人员及学院领导的关系上则没有表现出差异；一般本科院校与高职高专院校在学术、学业、智力以及批判、评判和分析能力的发展上没有表现出差异性，和同学、行政管理人员及学院领导的关系上也没有表现出差异性。

2. 校园环境对大学生发展成果的影响分析

为了探索整体校园环境及其两个因子（学术环境、人际环境）对大学生在就读期间的发展成果的影响,笔者将整体校园环境、学术环境、人际环境分别作为单独的自变量,将大学生个人发展自评作为因变量进行回归分析。基于不同类型学校在校园环境上表现出显著的差异性(如表3-12所示),笔者又将"学校类型"这一变量进行分解,以探讨不同类型学校的校园环境、学术环境及人际环境对大学生发展成果的影响的差异。

表3-12 校园环境对大学生发展成果的影响的标准化系数（$P<0.05$）

	所有院校	"211"院校	一般本科院校	高职高专院校
校园环境	0.598	0.497	0.621	0.627
R^2	0.358	0.247	0.385	0.394
学术环境	0.492	0.394	0.524	0.481
R^2	0.242	0.155	0.274	0.232
人际环境	0.541	0.419	0.551	0.630
R^2	0.293	0.175	0.304	0.397

从表3-12可以看出,校园环境及其两个维度均对大学生个人在校期间的发展成果有积极影响,且学校人际环境对大学生发展成果的影响比学术环境对大学生发展成果的影响要大一些。从总体上看,高职高专院校和一般本科院校的校园环境对大学生发展成果的影响比较大,"211"院校的校园环境对大学生发展成果的影响相对要小一些。在学校学术环境对大学生发展成果的影响方面,一般本科院校的影响较大,其次是高职高专院校,"211"院校影响最小;在学校人际环境对大学生发展成果的影响方面,影响最大的是高职高专院校,其次为一般本科院校,最小的是"211"院校。可见,无论是整体校园环境,还是学术环境或人际环境,"211"院校与其他类型院校相比,其环境对大学生发展成果的影响都是最小的。这种情况与我们日常生活的认知存在一些反差,一方面,这可能是因为大学环境十分复杂,加上研究者的能力水平的限制,本书采取的测量大学校园环境的指标不能反映校园的所有环境状况,当然也无法通过这些有限的可测量的问题来准确评价校园环境各个方面对大学生就读收获的实际影响。另一方面,不同类型学校的

学生对大学环境和个人发展的预期是否存在差异，以及这些差异是否影响他们对校园环境及个人发展情况的评价等这些问题并不在本书调查的范围之内，这些问题都还有待进一步的研究和探讨。此外，从回归分析的判定系数R^2来看，其值在 0.155~0.397，判定系数作为对回归方程的解释力度的指标，这样的值算比较高的。因此，学校的校园环境及其两个维度对本研究问卷所测量的大学生发展成果的影响是较大的。

三、学生个人因素对大学生发展成果的影响

从已有的研究来看，学生个人因素是影响大学生在大学期间的发展成果的重要因素，学生个人在高校各种教学实践活动中的积极参与、投入和在就读期间的学习经历对其学业成就提升具有重要的影响作用。本书从学生个人的人口学特征和学生个人参与两个方面来考查学生个人因素对大学生发展成果的影响。

1. 学生人口学特征对大学生发展成果的影响分析

本书问卷中共有 10 道题目来反映学生个人的人口学特征，包括学生的性别、民族、年龄、年级、专业、生源地、住宿情况、学习成绩等级、是否追求更高学历及学费和生活费来源。通过对学生人口学特征各项指标的 t 检验、方差分析和非参数检验（如表 3-13 所示），发现对大学生发展成果影响不显著的有：性别、民族、年龄、专业、生源地、住宿情况、学费/生活费来源；显著的有：年级、学历追求、成绩等级。可见，学生人口学特征中对大学生发展成果有显著影响的主要是学生所在年级、平时学习成绩及学生的学习动机。

表3-13 学生个人的人口学特征与大学生发展成果的差异性分析

人口学特征	t 检验		人口学特征	方差分析	
	t	Sig.（双侧）		F	显著性
性别	0.860	0.390	年龄	0.469	0.626
民族	0.217	0.828	年级	17.921	0.000

续表

人口学特征	t 检验		人口学特征	方差分析	
	t	Sig.（双侧）		F	显著性
生源地	1.517	0.129	成绩等级	21.655	0.000
是否追求更高学历	5.094	0.000	学费/生活费来源	1.499	0.200

人口学特征	非参数检验		人口学特征	非参数检验	
	卡方	显著性		卡方	显著性
专业	1.020	0.600	住宿情况	2.838	0.417

注：两组均值比较采用 t 检验，三组或三组以上均值比较采用方差分析，其中专业和住宿情况的均值比较由于未通过方差齐性检验，采用非参数检验。

基于上述差异性分析，本书分别以学生的年级、学历追求、成绩等级为自变量，以个人发展自评为因变量进行回归分析，以考查各自变量对因变量的影响大小。从表 3-14 可以看出，学生的年级与大学生的个人发展成果之间存在正相关关系，成绩等级、学历追求与大学生的个人发展成果之间存在负相关关系。这说明学生的学习时间长短对大学生发展成果有积极影响，大学四年级的学生经过大学学习后取得的发展成果最大，大学三年级次之，大学二年级由于在校学习时间仅一年获得的发展最小；从学生的成绩来看，成绩优秀的学生对自己在大学就读期间的发展成果评价更好，成绩不好的学生对自己发展成果的评价不高，这与学生在学业上的努力和积极参与是分不开的；从学历追求来看，追求更高学历的学生在大学期间的发展成果要大于仅要求完成本科学业的学生，可见学习动机对学生在大学教育之后的成果有较大影响。这三个学生人口学特征对大学生发展成果的影响大小依次为成绩等级、学历追求、年级，可见学生在学业上的努力程度及学习动机对大学生个人发展的影响不容忽视。由于回归分析的判定系数 R^2 在 0.020~0.058，相比家庭背景对大学生发展成果的影响而言，学生的年级、学历追求、成绩等级对本书问卷所测量的大学生发展成果的影响的解释力度是相对较大的。

第三章 湖南省大学生就读经验的调查分析

表3-14 学生人口学特征对大学生发展成果的影响的标准化系数

	标准化系数（P<0.05）	R^2
年级	0.115	0.024
成绩等级	-0.241	0.058
学历追求	-0.141	0.020

2. 学生个人参与对大学生发展成果的影响分析

学生个人参与主要考查大学生在校期间参加各种教学实践活动的情况，包括课程学习状况、课外活动状况、人际交往状况（师生交往、生生交往）。本书将课程学习、课外活动、人际交往这些变量的数据分为5组，采用非参数检验和回归分析来考查学生个人参与对大学生发展成果的影响。从表3-15可知，学生个人参与程度在大学生个人发展成果上存在差异性，大学生在课程学习、课外活动、人际交往方面的参与情况对大学生发展成果的影响表现出显著的差异性，人际交往的两个维度——师生交往和生生交往的参与情况也对大学生发展成果表现出差异性。可见，课程学习、课外活动、人际交往（师生交往和生生交往）的参与程度对大学生发展成果都有显著影响。

表3-15 学生个人参与对大学生发展成果的影响的相关分析

	非参数检验		回归分析	
	卡方	显著性	标准化系数（P<0.05）	R^2
课程学习	284.044	0.000	0.535	0.286
课外活动	238.668	0.000	0.457	0.209
人际交往	414.860	0.000	0.610	0.372
师生交往	285.058	0.000	0.482	0.233
生生交往	442.230	0.000	0.601	0.362
学生个人参与	352.404	0.000	0.624	0.390

为了考查学生个人参与对大学生发展成果的影响程度，本书分别以课程

学习、课外活动、人际交往（师生交往和生生交往）和学生个人参与为单独的自变量，以个人发展自评为因变量来进行回归分析。结果显示，学生个人参与和大学生的个人发展成果之间存在较强的正相关关系，相关系数为0.624，说明学生个人参与程度每增加1个单位，大学生的个人发展成果增加0.624个单位。从学生参与各项活动的回归系数来看，课程学习、课外活动、人际交往（师生交往和生生交往）与大学生的发展成果之间均表现出较强的正相关关系，其中人际交往对大学生发展成果的影响最大，其次为课程学习，课外活动对大学生发展成果的影响没有我们预想的那么大，居于三者之末。人际交往中，生生交往对大学生发展成果的影响较大，师生交往对促进学生发展影响次之。

总的来说，家庭背景、学校校园环境及学生个人因素对大学生个人发展成果都存在不同程度的影响。具体来看，表3-16中各影响因素的标准化系数说明学生个人在校园各项活动的参与程度对学生个人的发展成果影响最大；校园环境的影响也不容小觑，其系数值接近0.6，微次于学生个人参与程度；相比之下，家庭背景对大学生个人的发展成果的影响则小很多；学生人口学特征中的年级、成绩等级和学历追求也对大学生个人的发展成果具有影响，但影响也较小。可见，想要促进大学生个人更好的发展，增进大学教育的效果，提高教育质量，还得从提高学生个人的参与度及构建利于调动学生参与积极性的校园环境着手。

表3-16 影响大学生发展的因素分析汇总

影响因素	标准化系数（P<0.05）	R^2
家庭背景	0.130	0.017
校园环境	0.598	0.358
学生个人参与	0.624	0.390
年级	0.115	0.024
成绩等级	-0.241	0.058
学历追求	-0.141	0.020

第四章 研究型大学与教学型本科院校学生就读经验的比较分析

在对湖南省大学生就读经验进行整体调查分析的基础上，本章将选取研究型大学和教学型大学为研究样本，以大四学生为调查对象，力图通过对这两种类型大学的大学生在就读经验上的比较分析，在中国高等教育大众化过程中形成的高校分层分类体制下，探寻不同类型高校的大学生就读经验的共通性和差异性，分析其内在的原因，呈现大学生学习与收获的不同样态。

第一节 研究设计

一、问卷设计

本书选取了湖南省的一所研究型大学和一所教学型大学作为样本学校，对会计专业和自动化专业的大四学生进行就读经验的调查研究。通过对两所学校大四学生进行比较研究，找出异同。本章主要探讨以下问题：①所选样本学校大学生的就读经验的整体状况如何？②所选的研究型大学和教学型大学的大学生就读经验存在哪些差异？③差异存在的原因是什么？

在第三章设计的湖南省大学生就读经验调查问卷的基础上，出于比较分析的考虑，我们重新设计了调查问卷（二）（见附录2）。问卷从三个维度对大学生就读经验开展调查研究，包含教育资源、校园活动和个人成长收获。其中教育资源从基础设施、师资力量、实践教学三个角度展开；校园活动从课程学习、同学交往、师生交往、课外活动四个角度展开。

调查问卷（二）主要采用封闭性的题型，便于数据的统计与对比分析。测试时采用以专业为单位的集体测试，问卷的开头对问卷调查的目的进行了说明，并承诺对问卷的信息、内容进行保密，数据仅用于研究，测试时间约为20分钟。

调查问卷（二）共设64题，从背景信息、教育资源、校园活动和个人成长收获四个方面来设计题目。其中背景信息部分为1~11题，均为单项选择题，从性别、民族、专业、生源地、家庭所在地、父母受教育程度、家庭年收入及奖学金和助学金的情况进行考查。教育资源部分为12~31题，均为单项选择题，从基础设施、师资力量、实践教学三个方面来体现，其中基础设施是指对学校图书馆、自习室、实验室、多媒体教学仪器、校园网络、食堂、宿舍和运动场的满意度调查；师资力量是对授课教师职称、上课积极性、专业设置、课程安排、公选课的设置及教师的教学方法、教学态度、教学水平的评价；实践教学则是对实验课安排、专业实习的安排、实习基地、实践来源的满意度评价。校园活动部分为32~61题，均为单项选择题，主要是从课程学习、同学交往、师生交往和课外活动四个方面设题。首先，课程学习主要考查学生对课程学习的积极性，具体体现为课前预习、上课发言、上课记笔记、课堂讨论、完成作业、课后复习、查阅相关资料论文及实时关注新闻动态；其次，同学交往体现为与同学结伴自习、组成兴趣小组、讨论学业、分享心得、探讨学术及展望未来；再次，师生交往体现在请教问题、讨论论文、探讨职业规划、参与课题、与老师一起参与活动及得到老师的反馈；最后，课外活动是指参与学术讲座、社团活动、学生会、志愿者和社会实践活动的积极性。个人成长收获部分为62~64题，是对自身能力收获的自我评价及计算机能力与英语能力的考查。

二、案例学校

本调查研究从湖南省某研究型大学Z大学和湖南省某教学型大学G大

第四章 研究型大学与教学型本科院校学生就读经验的比较分析

学的文科中选取了会计学专业和理工科中选取了自动化专业进行比较研究，下面对这两所本科院校进行简单的介绍说明。

Z大学是教育部直属全国重点大学、国家"211"工程首批重点建设高校、国家"985"工程部省重点共建的高水平大学和国家"2011计划"首批牵头高校。坐落在中国历史文化名城——湖南省长沙市，占地面积5886亩，建筑面积276万平方米，跨湘江两岸，依巍巍岳麓，临滔滔湘水，环境幽雅，景色宜人，是求知治学的理想园地。学校学科门类齐全，涵盖工、理、医、文、法、经、管、哲、教、史、农、艺12大学科门类，辐射军事学。拥有完备的有色金属、医学、轨道交通等学科体系；现有一级学科国家重点学科6个，二级学科国家重点学科12个，国家重点（培育）学科1个，国家临床重点专科42个；设有30个二级学院，94个本科招生专业；博士学位授权一级学科33个，硕士学位授权一级学科58个，博士后科研流动站31个。材料科学、工程学、临床医学、化学、药理学与毒理学、生物学与生物化学、神经科学与行为科学7个学科ESI（基本科学指标）排名居全球前1%；拥有以"南湘雅"闻名的3所大型三级甲等综合性医院及附属口腔医院、肿瘤医院和海口医院。学校坚持人才强校战略，师资力量雄厚。有中国科学院院士2人，中国工程院院士15人，国家"千人计划"入选者40人，"973计划"项目首席科学家14人，"长江学者奖励计划"特聘、讲座教授35人，国家教学名师8人，博士生导师1000余人，教授及相应正高职称人员1500余人，享受政府特殊津贴专家545人。学校坚持立德树人，质量优先，努力探索和完善人才培养新模式。现有全日制在校学生5.4万余名，其中本科生3.3万余人、研究生1.9万余人、留学生近千人。先后获得国家精品课程57门，国家教学团队8个，国家级实验教学示范中心7个。在国内率先创办创新型高级工程人才实验班，成为教育部卓越工程师、卓越医师、卓越法律人才教育培养计划试点高校。学校是全国首批试点开展八年制医学教育（医学博士学位）的大学之一，也是全国第一所为军队培养现役军官指技合一硕士研究生的高校。近年来，被评为全国首批毕业生就业典型经验高校，成为我国百强企业最欢迎的10所大学之一。学校现有16个国家级创新平台,其中国家重点实验室3个、国家工程研究中心4个、国家工程实验室4个、国家工程技术研究中心2个、国家临床医学研究中心1个,国防科技重点实验室1个、国家工程化与创新能力建设平台1个。2000年以来共获国家科技三大奖74项,其中获国家科技一等奖(特等奖)9项,8个项目入选"中国高校十大科技进展"①。

G大学是一所具有50多年办学历史的多科性大学,是"服务国家特殊需求博士人才培养项目"高校。学校现有2个校区,总占地面积3388亩。图书馆新馆面积3.6万平方米,馆藏图书260余万册;教学科研仪器设备总值18603万元,教学用计算机6278台。学校拥有较先进的计算机网络服务体系,建有标准的塑胶田径运动场、体育馆及满足体育教学需要的各类运动场地。学校有18个教学院(部)和1个独立学院,建立了以工为主,工、理、管、文、经、法、教育、艺术等协调发展的学科体系;1个"服务国家特殊需求博士人才培养项目",11个硕士学位一级学科硕士学位点,涵盖50个二级学科硕士学位点,9个硕士研究生专业学位的授权领域;60个本科专业;国家级教学团队1个,省级教学团队4个;国家级实验教学示范中心1个,省级基础课示范实验室实践教学示范中心6个;国家级特色专业4个,省级特色专业12个,省级重点专业8个,国家级精品课程3门、省级精品课程19门。有全日制学生37907人,其中硕士研究生1276人。有教职员工2507人,专任教师1830人,其中教授285人,副教授606人,博士232人,博士生导师10人,硕士生导师298人;享受"国务院政府特殊津贴"人员10人,湖南省科技领军人才1人,全国优秀教师3人,省优秀教师6人,省教学名师5人,省级青年骨干教师18人(2011~2013年),省青年教师教学能手13人;21人进入省"121人才工程"和"百人工程",5人进入省学科带头人行列;聘有两院院士6人。学校拥有生物医学工程、材料科学与工程、机械工程、电气工程、土木工程5个湖南省重点学科;建有"绿色包装与生物纳米技术应用"、"先进包装材料与技术"等3个省部级重点实验室,

---

① http://www.csu.edu.cn/xxgk.htm.

"产品包装创新工业设计中心"、"包装设计艺术与技术研究基地"等5个省部级研究基地；与湖南省第五工程有限公司、株洲市霞湾建材有限责任公司联合组建"建筑墙体节能新材料"湖南省工程技术研究中心；与南车株洲电力机车研究所有限公司等高新技术企业联合建设了"湖南省高校研究生培养创新基地"和"湖南省高校产学研合作示范基地"[①]。

三、研究对象

本书从研究型大学Z大学和教学型大学G大学的文科和理工科各选取了一个专业，选取的专业分别为会计学专业和自动化专业，选取的大学生的年级均为大四年级，学历层次均为全日制本科。为保障收集数据的可对比性，本书不仅选取了同样专业的大学生作为调查对象，而且所选专业在两所学校中均为招生人数众多的专业。虽然两所学校一所为研究型大学，一所为教学型大学，但工科均为其强势学科，数据分析具有很强的对比性。施测的具体时间为2014年9~10月，大四年级的学生经过三年半的大学生活，对校园情况和自身发展情况都比较了解，数据具有很大的参考价值。本次研究共发放问卷610份，回收546份，回收率为89.5%，经过对问卷的审核，剔除了11份无效问卷，最终获得了有效问卷535份，最终的有效问卷回收率为87.7%。

样本的基本情况如下：

Z大学发放问卷310份，回收问卷283份，其中4份为无效问卷，最终的有效问卷为279份，其中会计学专业107人，自动化专业172人；男生153人，女生126人。G大学发放问卷300份，回收263份，其中7份为无效问卷，最终的有效问卷为256份，其中会计学专业91人，自动化专业165人；男生145人，女生111人。具体情况统计如表4-1和表4-2所示。

---

① http://www.hut.edu.cn/cn/xxgk/xxgk.asp.

表 4-1 样本专业与性别分布统计

学校	专业	性别				总计（人）
		男（人）	比例（%）	女（人）	比例（%）	
Z 大学	自动化	121	70.3	51	29.7	172
	会计学	32	29.9	75	70.1	107
	总计	153	54.8	126	45.2	279
G 大学	自动化	125	75.8	40	24.2	165
	会计学	20	22.0	71	78.0	91
	总计	145	56.6	111	43.4	256

表 4-2 样本基本信息统计

单位:%

特征	类别	Z 大学	G 大学
性别	男	54.8	56.6
	女	45.2	43.4
民族	汉族	78.2	86.9
	少数民族	21.8	13.1
专业	自动化	61.6	64.4
	会计学	38.4	35.5
生源地	省内	57.8	75.6
	省外	42.2	24.4
家庭所在地	省会城市	11.2	8.3
	地级城市	14.1	14.8
	县级城市	13.5	17.3
	乡镇及农村	61.2	59.6
父亲受教育程度	小学及以下	16.7	15.8
	初中	40.2	38.7
	高中/中专	31.5	36.2
	大学/大专	8.9	8.1
	硕士及以上	2.7	1.2

续表

特征	类别	Z大学	G大学
母亲受教育程度	小学及以下	21.2	19.6
	初中	35.1	37.8
	高中/中专	33.2	34.1
	大学/大专	8.7	7.6
	硕士及以上	1.8	0.9
家庭年收入	5000元及以下	14.5	11.1
	5000~1万元	27.8	30.2
	1万~4万元	30.2	32.1
	4万~10万元	20.6	18.9
	10万元及以上	6.9	7.7
获得奖学金	是	37.7	25.4
	否	62.3	74.6
获得助学金	是	22.8	20.9
	否	77.2	79.1
住宿情况	家中	4.8	6.2
	校内宿舍	92.9	90.9
	校外租房	2.1	2.8
	其他	0.2	0.1

由表4-1和表4-2对样本基本信息进行统计及对样本的专业和性别分布进行统计，我们可以看出，Z大学样本中自动化专业的学生人数为172人，其中男生所占的比例为70.3%，女生所占比例为29.7%；会计学专业的学生人数为107人，其中男生所占的比例为29.9%，女生所占的比例为70.1%。G大学样本中自动化专业的学生人数为165人，其中男生所占的比例为75.8%，女生所占比例为24.2%；会计学专业的学生人数为91人，其中男生所占的比例为22%，女生所占的比例为78%。

由表4-1样本的专业和性别分布统计中我们可以看出，两所样本学校的自动化专业男女生的比例比较接近，男生所占的比重很大，Z大学的自动化专业的男生比重达到70.3%，G大学则达到了75.8%。造成这个结果的原因是自动化专业自身的特点，男生学习自动化专业的相关知识和从事自动化方面的相关工作都具有比较大的优势，所以学习这个专业的学生多数为男生具有合理性。同样的，两所样本学校的会计学专业的男女生比例也比较接近，不过情况是女生所占的比重很大，Z大学会计学专业的女生所占的比例达到70.1%，G大学则达到78.0%，这个结果也是由于会计学自身的特点所决定的。虽然两所样本学校的专业的男女生比例接近，但是G大学不论在自动化专业还是在会计学专业的男女差异较Z大学都更加明显，这在一定程度上可能是由于G大学是教学型大学，更注重培养应用型人才所造成的。

由表4-2样本的基本信息统计来看，两所学校都是男生占多数、以汉族学生为主的学校。由于Z大学为研究型综合性的全国重点大学，而G大学为教学型的地方性本科院校，两所学校的学生在生源地上相差很大。Z大学学生中57.8%的学生来自省内，42.2%的学生来自省外，而G大学学生中75.6%的学生来自省内，24.4%的学生来自省外，由此我们可以看出教学型的地方本科院校的生源多来自于本省。就具体的家庭所在地来说，Z大学的11.2%的学生来自省会城市，14.1%的学生来自地级城市，13.5%的学生来自县级城市，61.2%的学生来自乡镇及农村；在G大学中8.3%的学生来自省会城市，14.8%的学生来自地级城市，17.3%的学生来自县级城市，59.6%的学生来自乡镇及农村，来自乡镇及农村的学生仍然是主流，这也体现了中国高校目前大学生家庭所在地普遍的分布特点，与第三章我们获得的湖南省大学生就读经验的数据基本一致。在父母受教育程度上，Z大学学生的父母受过本科及以上高等教育的比例要略高于G大学学生的父母，Z大学学生父亲受过本科及以上教育的比例达到11.6%，而G大学为9.3%；Z大学学生母亲受过本科及以上教育的比例达到10.5%，而G大学为8.5%，其中父亲受教育程度普遍高于母亲受教育程度，造成这个结果和良好的家庭教育对子女的培养分不开。从家庭年收入的统计可以看出，不论在研究型大学Z大学还是教学型大学G大学，年收入为5000~4万元的家庭为主流，分别占到58.0%和62.3%。Z大学样本中获得奖学金的比例为37.7%，高于G大学样本的比例25.4%，研究型大学拥有更为充足的资金和更高的奖励比率是造成这一差异的主要原因；而在助学金的比较方面，Z大学样本中的比例为22.8%，与G大学样本的20.9%基本持平，这也体现了国家现在实行的助学金政策。最后，对样本学生的住宿情况进行了统计，Z大学的住宿率为92.9%，G大学的住宿率为90.9%。均超过了90%，这也体现了我国高校普遍对大学生实行集体的宿舍管理模式。上述样本信息除了两所高校的具体差异外，与我们第三章调查中的湖南省大学生的背景信息基本趋于一致。

四、研究的信度与效度

1. 信度分析

我们对教育资源、校园活动和个人成长收获三个部分进行了Cronbach α系数的检验，如表4-3所示，教育资源部分24题的Cronbach α系数为0.801，校园活动部分30题的Cronbach α系数为0.795，个人成长收获部分3题的Cronbach α系数为0.915，检验结果证实本书研究结果具有可信性，信度较好。

表4-3 信度分析

类别	题目数量	Cronbach α 系数
教育资源	24	0.801
校园活动	30	0.795
个人成长收获	3	0.915
合计	57	0.894

2. 效度分析

调查问卷（二）在设计的过程中参阅了国内外大量的相关资料，运用相关模型作为支撑，在前期访谈的基础上，问卷的设计力求基于以学生为主体的学生视角进行展开,是对大学生学习生活情况的真实反映。在"个人成长收获"这一维度采用学生自我评估的方式,让学生对自己的各项能力和素质做出测评。不可否认,由于学生在评价的过程中基于自我主观的判断,有可能出现评价过高或者过低的现象,这种方式获取的测量结果可能与本人实际能力之间出现一定的偏差。但是,如果能力自我评估结果与其所接受的大学教育训练及各种学生生活经历之间存在着一定的关联性,那么这种学生自我评估的测量方式依然具有可行性和重要意义。同时,根据国外和国内已有的相关研究可以发现,这种自我评估方式还是能够比较客观地考查学生在大学期间能力的增长和素质的提升。

第二节 两类院校大学生就读经验的比较分析

一、教育资源比较

教育资源是学校生存发展的基本保障条件,也是研究型大学与教学型大学的就读经验调查产生差异的先天和前期的条件。目前我国教育资源的分配不均且多数集中于少数研究型的全国重点大学,"985"高校、"211"高校的确立也使得本就紧缺的教育资源向研究型大学倾斜。本节从基础设施、师资力量和实践教学三个角度对研究型大学和教学型大学的学生就读经验进行调查和对比分析。

1. 基础设施

(1) 整体描述。

Z大学基础设施的满意度如图4-1所示,我们可以看出,Z大学学生对Z大学的基础设施整体上是比较满意的,对各项指标的满意度进行评估,选择"比较满意"和"非常满意"的满意度基本超过40%,甚至有些突破了50%。对图书馆、校园网络、校园环境的满意程度很高,其中对图书馆满意

第四章 研究型大学与教学型本科院校学生就读经验的比较分析

度是最高的,选择"比较满意"和"非常满意"的比例达到57.3%,对校园网络和校园环境的满意程度分别达到48.9%和49.7%,这和研究型大学占地面积大、历史悠久、环境优美有很大的关系,校园网络的满意度高说明学校普遍覆盖了校园光纤网。对宿舍、食堂和运动场所的满意程度是很低的,其中对食堂的不满意程度最高,选择"比较不满意"和"非常不满意"的比例达到40.3%。整体而言,在对各项指标进行满意度调查的时候,选择"比较满意"和"一般"的同学是最多的,除了对食堂的不满意程度偏高,其他各项均控制在30%以内,体现出Z大学大四学生对Z大学的基础设施整体还是比较满意的。

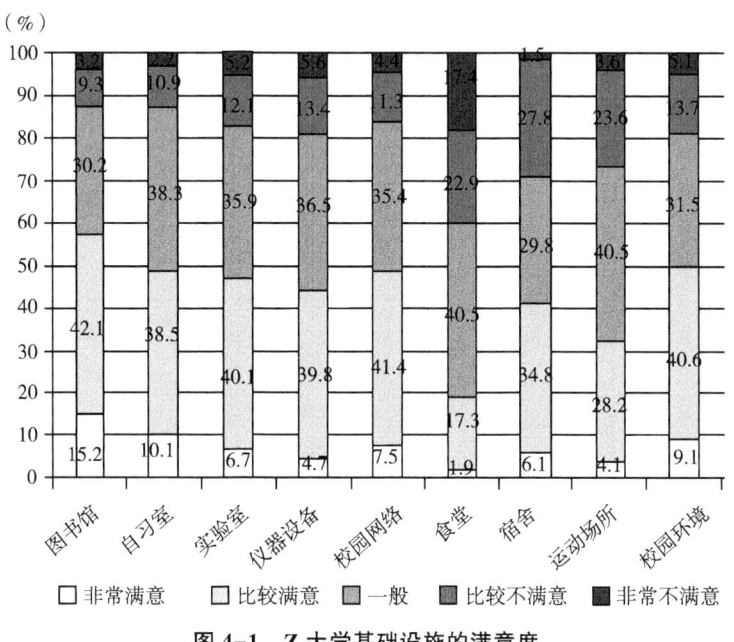

图4-1 Z大学基础设施的满意度

G大学基础设施满意度如图4-2所示,我们可以看出,G大学学生对G大学的基础设施满意程度较低,各项指标的满意度选择"非常满意"和"比较满意"的比例均没有超过50%,整体评价偏低。其中对自习室、仪器设备和宿舍的满意度相对较高,均超过了40%,这和新时期以来高校基础建设的发展有着重要的关系;对图书馆、实验室和校园网络的满意度评价很低,而且选择"非常满意"和"比较满意"的比例均没有超过20%,其中对图书馆和校园网络的满意度没有超过10%,图书馆选择"比较不满意"和"非常不满意"的不满意程度高达71.2%,校园网络的不满意程度也达到63.5%,这也可以看出教学型大学在这些硬件设备上的缺失,校园网覆盖率很低甚至没有研发自己的校园网,图书馆规模小且藏书量不足,不能满足在校学生的需求。整体来说,G大学大四学生对G大学的基础设施普遍不满意,对少数项目的不满意评价集中度很高,反应比较强烈。

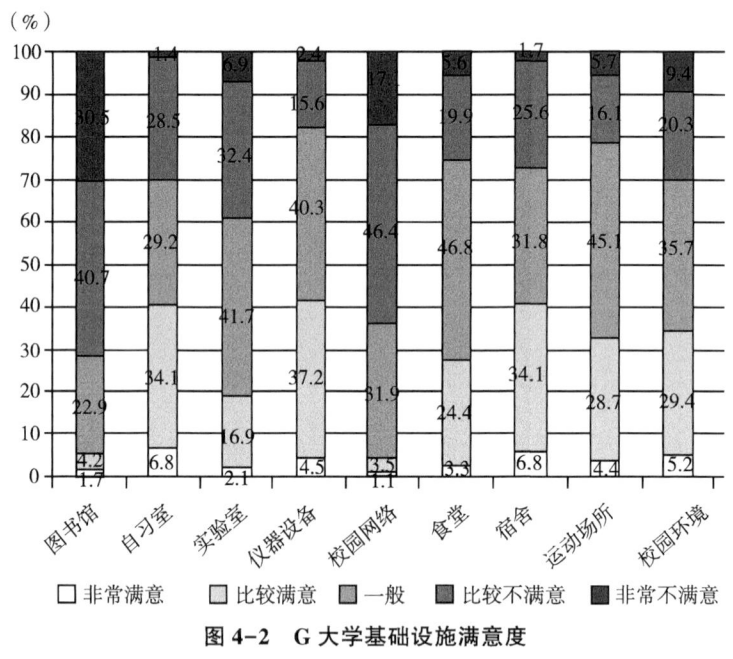

图 4-2 G 大学基础设施满意度

(2) 比较与分析。

根据表4-4对两所大学的基础设施的满意度进行对比,我们不难看出Z大学9道题目中有1道题目的平均值低于理论平均值(2.5),其余8道题目的平均值高于理论平均值;G大学9道题目中的平均值全部高于理论平均值,总体上来说,G大学除了食堂、宿舍、运动场所这3题上平均值略微低于Z大学,其他题目上都远高于Z大学。由此,我们可以看出两所学校的学生在对自身学校的基础设施的满意度评价上存在很大差异。G大学学生对基础设施普遍不满意,其中对图书馆和校园网络的平均值都超过了3.5分,分别为3.94分和3.75分。两所学校在教育资源满意度方面存在着比较大的差异,其中在"你对学校的校园环境是否满意"、"你对学校提供的自习室是否满意"、"你对学校开设的实验室是否满意"、"你对学校食堂是否满意"、"你对学校的校园网络是否满意"和"你对学校的图书馆是否满意"6题上存在着显著差异。

表4-4 基础设置满意度比较

	Z大学均值	G大学均值	F	t	Sig.(双侧)
图书馆	2.43	3.94	4.853***	-18.508	0.000
自习室	2.56	2.84	2.603**	-3.501	0.001
实验室	2.70	3.26	1.597***	-7.026	0.000
仪器设备	2.76	2.74	1.469	0.230	0.818
校园网络	2.63	3.75	6.128***	-14.770	0.000
食堂	3.37	3.00	22.232***	4.513	0.000
宿舍	2.84	2.82	0.033	0.224	0.823
运动场所	2.95	2.90	0.006	0.555	0.579
校园环境	2.65	3.00	0.651***	-3.988	0.000

注:① *代表P<0.05、**代表P<0.01、***代表P<0.001。
②从"非常满意"到"非常不满意"分5个等级进行计分,分别计为1~5分,分数越高表示满意度越低。

第一,在"你对学校的校园环境是否满意"这道题目上,两所学校存在着极其显著差异(P=0.000<0.001)。由图4-1和图4-2中我们可以看出,Z大学学生中选择"满意"(包含"非常满意"和"比较满意",下同)的比例为49.7%,选择"不满意"(包含"比较不满意"和"非常不满意",下同)的比例为18.8%;G大学学生中选择"满意"的比例仅为34.6%,选择"不满意"的比例高达29.7%。造成这种调查结果的原因和学

校的历史背景及经费的投入分不开。Z大学作为全国重点大学，历史悠久且由多所学校合并而成，占地面积大，建筑物具有历史风韵。同时，资金充足使得Z大学有更多的能力进行校园的环境建设。G大学作为地方性的本科院校，在经费紧张的情况下，对校园环境建设不足。由于学校规模的限制，也使得G大学校园比较紧凑和拥挤。Z大学和G大学在生源上的差异也造成了Z大学校园学习氛围好于G大学。以上这些原因造成G大学学生对G大学的校园环境满意度较低。

第二，在"你对学校开设的实验室是否满意"这道题目上，两所学校存在着极其显著的差异（P＝0.000<0.001）。由图4-1和图4-2中我们可以看出，Z大学学生中选择"满意"的比例为46.8%，选择"不满意"的比例为17.3%；G大学学生中选择"满意"的比例仅为19.0%，选择"不满意"的比例高达39.3%。对实验室的不满意主要体现在对实验室数量的不满意及对实验室设备的不满意。Z大学作为综合性的大学，学科门类较齐全，科研水平较高，为了保证其在科学研究上的创新性，适应高水平人才培养的需要，学校对实验室进行了大量的资金投入，购买了先进的仪器设备，这也更进一步地提升了Z大学的科学研究能力。而在G大学中，由于自身水平和经费的限制，实验室的数量少且仪器老旧，给学生提供的动手机会也比较少，不能满足学生对知识的追求，老旧的实验器材和有限的实验场所也制约了G大学的发展。

第三，在"你对学校的校园网络是否满意"这道题目上，两所学校存在着极其显著的差异（P＝0.000<0.001）。由图4-1和图4-2中我们可以看出，Z大学学生中选择"满意"的比例为48.9%，选择"不满意"的比例为15.7%；G大学学生中选择"满意"的比例仅为4.6%，选择"不满意"的比例高达63.5%，超过半数的学生对校园网络表示不满。网络是当今大学生获取信息和资源的重要来源，已经成为大学生日常学习生活所必需。Z大学建立了自己的校园光纤网，无线网络的覆盖率也遍及教学区和宿舍区。但是在G大学中，由于资金和技术的缺乏，还没有建立自己的校园网，学生日常上网都是通过电信或者移动等第三方的网络供应商，也没有购买充足的

资料数据库，学生在做研究写论文查阅资料时都不便利，这是G大学学生对校园网络不满意度高的主要原因。

第四，在"你对学校的图书馆是否满意"这道题目上，两所学校存在着极其显著的差异（P=0.000<0.001）。由图4-1和图4-2中我们可以看出，Z大学学生中选择"满意"的比例为57.3%，超过了半数，选择"不满意"的比例为12.5%；G大学学生中选择"满意"的比例仅为5.9%，选择"不满意"的比例高达71.2%，超过七成G大学学生对学校的图书馆不满意。一个学校的图书馆在很大程度上是这个学校发展程度的缩影，教师和学生从事科学研究都离不开图书馆。据统计，Z大学图书馆的馆藏图书为454万册，几乎达到G大学馆藏图书的两倍（G大学馆藏图书量为260余万册）。G大学图书馆的馆藏资源不能满足学生需要，由于是对G大学大四学生进行的抽样，他们在学校中学习生活了三年多，正处于毕业论文研究的时期，对图书馆的需求更加迫切，G大学图书馆的现状让他们感到不能满足课外学习发展的需要。

第五，在"你对学校提供的自习室是否满意"这道题目上，两所学校存在着显著的差异（P=0.001<0.01）。由图4-1和图4-2中我们可以看出，Z大学学生中选择"满意"的比例为48.6%，选择"不满意"的比例为13.1%；G大学学生中选择"满意"的比例为40.9%，选择"不满意"的比例高达29.9%，将近三成的学生对学校提供的自习室表示不满。造成两所学校学生对于自身学校提供的自习室的满意度差异的原因主要在于两所学校在规模上的差异及在自习室数量上的差异。由于Z大学是全国重点大学，经费上比较宽裕，学校学习氛围浓郁，使得Z大学相较于G大学提供给了学生更多专门的自习室。

第六，在"你对学校食堂是否满意"这道题目上，两所学校存在着极其显著的差异（P=0.000<0.001）。由图4-1和图4-2中我们可以看出，Z大学学生中选择"满意"的比例为19.2%，选择"不满意"的比例为40.3%；G大学学生中选择"满意"的比例为27.7%，选择"不满意"的比例为25.5%。从整体上来说，两所学校学生对于学校食堂的满意度都比较

低,而 G 大学学生对于食堂的满意度要高于 Z 大学学生,主要是由于两所学校所在地区的物价水平有所差异。Z 大学地处省会城市,物价水平、消费水平都高于 G 大学所处城市,同时 G 大学食堂由于承包给了不同的经营者,食堂的菜色更为丰富,学生的选择也会更多。

2. 师资力量

(1) 整体描述。

Z 大学教师上课情况如图 4-3 所示,我们可以看出 Z 大学教授、副教授及兼职老师的上课频率。在 Z 大学中,兼职老师上课的情况很少,68.3%的学生选择了没有兼职老师上课的情况,教授与副教授的上课频率比较平均,其中副教授的上课频率略微高于教授的上课频率。教授上课中选择"有时"和"很少"的学生最多,分别达到 34.1%和 35.2%。副教授上课中选择"有时"的学生最多,达到 46.5%。

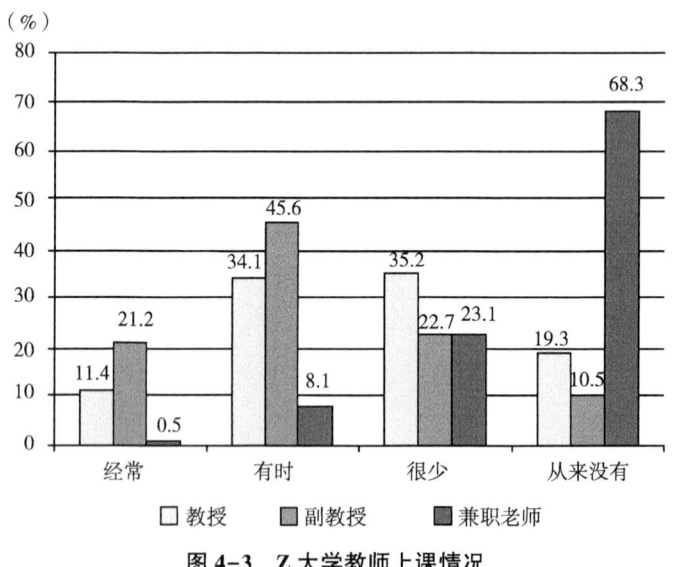

图 4-3　Z 大学教师上课情况

G 大学教师上课情况如图 4-4 所示,我们可以看出 G 大学教授、副教授及兼职老师的上课频率。在 G 大学教师上课的频率中,我们可以发现出现了比较高的兼职老师上课的频率,在兼职老师上课中选择"有时"的学生是最多的,达到 41.4%,选择"经常"的学生也达到 18.5%。在 G 大学中,副教授上课中选择最多的也是"有时",达到 49.8%,接近半数,这从一个侧面反映了中国现今教学型大学副教授是教学主力军的现实状况。但是,教授在 G 大学中上课频率就比较低了,选择"很少"的学生是最多的,达到 39.6%。这个结果与我们日常经验中感知到的教学型大学教师授课状况有所出入,一个可能的解释是所选 G 大学的两个专业中教授比例偏低,即受到教师职称结构的影响。

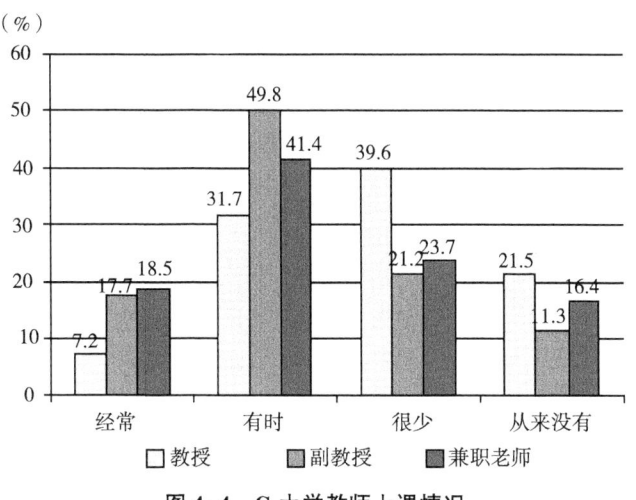

图 4-4 G 大学教师上课情况

课程设置评价如图 4-5 所示,我们可以看出 Z 大学的样本对象及 G 大学的样本对象对自己学校课程设置上的符合度评价,Z 大学和 G 大学在课程设置上符合度的评价主要从公选课的设置和专业课的设置两个方面进行评测。在公选课的符合度调查中,Z 大学学生选择"符合"(包含"比较符合"和"完全符合",下同)的比例为 30.7%,选择"不符合"(包含"比较不符合"和"完全不符合",下同)的比例为 19.1%;G 大学学生选择

"符合"的比例为20.5%,选择"不符合"的比例为40.0%,G大学学生对公选课设置的认可度较低,四成的学生认为公选课的设置不符合学生发展的需要。在专业课的符合度调查中,Z大学学生选择"符合"的比例为38.8%,选择"不符合"的比例为14.8%;G大学学生选择"符合"的比例为18.9%,选择"不符合"的比例为30.4%。整体上来说,Z大学的公选课的设置的符合度评价及专业课设置的符合度评价均高于G大学。同时,我们也可以看出,Z大学学生对专业课的符合度评价高于对公选课的符合度评价,而G大学学生则呈现出矛盾选择状态,一方面在"符合"选项上公选课高于专业课,另一方面在"不符合"选项上公选课也高于专业课。

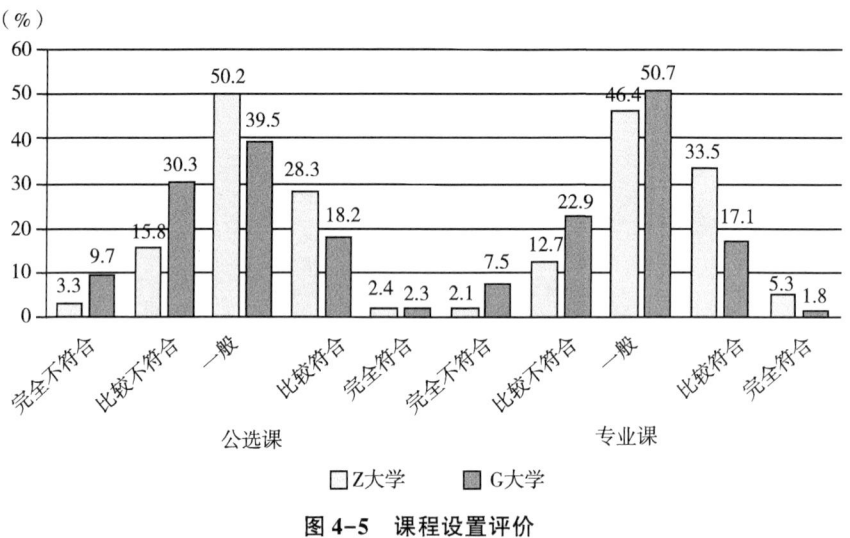

图4-5 课程设置评价

问卷(二)对教师教学的评价主要从教学方法、教学态度和教学水平三个方面进行评价测量,如图4-6所示。在教学方法的认可度调查中,Z大学学生选择"好"(包含"较好"和"很好",下同)的比例为19.5%,选择"差"(包含"较差"和"很差",下同)的比例为22.2%;G大学学生选择"好"的比例为22.8%,选择"差"的比例为18.9%。在教学态度的认可度调查中,Z大学学生选择"好"的比例为24.5%,选择"差"的比例为19.6%；G大学学生选择"好"的比例为27.5%，选择"差"的比例为16.0%。在教学水平的认可度调查中，Z大学学生选择"好"的比例为36.3%，选择"差"的比例为15.0%；G大学学生选择"好"的比例为22.6%，选择"差"的比例为15.8%。整体上来说，G大学学生对教师的教学方法和教学态度的认可度略微高于Z大学，而Z大学学生对教师教学水平的评价则明显高于G大学学生对教师教学水平的评价。

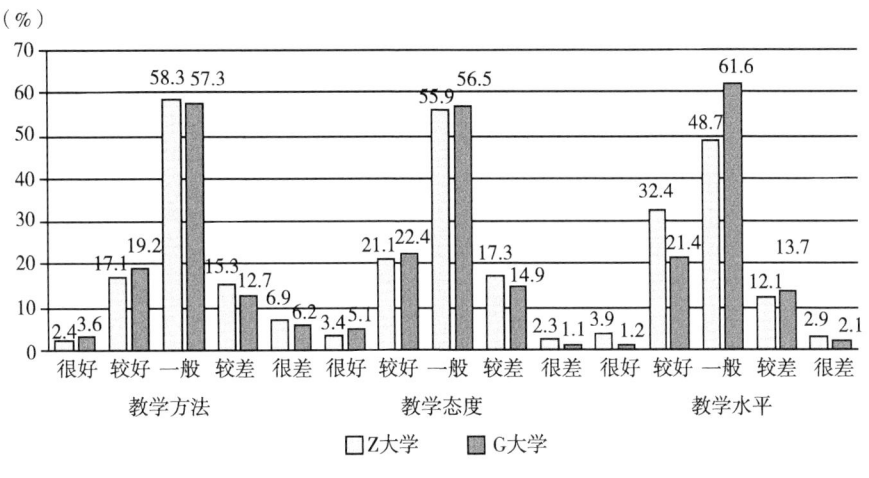

图4-6 教师教学评价

（2）比较与分析。

通过对Z大学和G大学教师上课频率、课程结构设置、公选课设置、专业课设置和教师教学方法、教学态度、教学水平的情况进行收集，对比两所高校的师资情况，如表4-5所示。整体上来说，Z大学副教授上课和教学水平的均值低于理论平均值，其他各项均值均高于理论平均值（除"兼职老师上课"的均值越高代表满意度越高，其他各项均值越低代表满意度越高）；G大学除了"副教授上课"和"兼职老师上课"的均值低于理论平均值，其他各项均值均高于理论平均值，这也反映了现代大学生对学校师资力量情况的普遍不满意。通过对比发现，G大学学生在"兼职老师上课"、"教学方法"和"教学态度"上的满意度高于Z大学学生，其他各项的满意度均低于 Z 大学学生。在"学校开设的公选课能否满足你的需求"、"你认为教师的教学水平如何"、"所学专业开设的专业课能否满足你的需求"和"是否有兼职老师为你上课"4 题上存在明显差异。

表 4-5　师资水平满意度比较

	Z 大学均值	G 大学均值	F	t	Sig.（双侧）
教授上课	2.62	2.75	2.357	-1.619	0.106
副教授上课	2.23	2.26	0.168	-0.466	0.641
兼职老师上课	3.59	2.38	53.141***	16.825	0.000
专业课设置	2.72	3.18	0.251***	-6.192	0.000
公选课设置	2.89	3.27	14.994***	-5.051	0.000
教学方法	3.07	3.00	0.264	0.990	0.323
教学态度	2.93	2.85	0.464	1.251	0.212
教学水平	2.78	2.94	18.968*	-2.449	0.015

注：①*代表 P<0.05、**代表 P<0.01、***代表 P<0.001。

②第 1、第 2、第 3、第 7 项答案从"经常"到"从来没有"共分 4 个等级进行计分，分别计 1~4 分；第 4、第 5、第 6 项答案从"完全符合"到"完全不符合"共分 5 个等级进行计分，分别计 1~5 分；第 8、第 9、第 10 项答案从"很好"到"很差"共分 5 个等级进行计分，分别计 1~5 分。除了"兼职老师上课"均值越高代表满意度越高，其他各项均值越低代表满意度越高。

第一，在"学校开设的公选课能否满足你的需求"这道题目上，两所学校存在着极其显著差异（P = 0.000<0.001）。由图 4-5 中我们可以看出，Z 大学学生选择"符合"的比例为 30.7%，选择"不符合"的比例为 19.1%；G 大学学生选择"符合"的比例为 20.5%，选择"不符合"的比例为 40.0%，四成的学生认为公选课的设置不能满足自身的需求，是 Z 大学学生的两倍。造成这种差异是由两校办学经验、办学规模和老师质量决定的。研究型大学 Z 大学办学历史悠久，对公选课的开设比较有经验，又由于Z 大学拥有门类较齐全的学科及拥有各种学科背景的教师，开设的公选课数量多且质量相对有保障，开设的公选课从人文科学、社会科学再到自然科学都有涉及，学生可选择性高。而 G 大学由于是以工科为主的学校，教师的

第四章 研究型大学与教学型本科院校学生就读经验的比较分析

文化背景不够全面,开设的公选课比较单调且数量不多。

第二,在"你认为教师的教学水平如何"这道题目上,两所学校存在着显著差异(P=0.015<0.05)。从图4-6中我们可以看出,Z大学学生选择"好"的比例为36.3%,选择"差"的比例为15.0%;G大学学生选择"好"的比例为22.6%,选择"差"的比例为15.8%。Z大学作为全国重点的研究型大学,人才引进的数量和质量都优于G大学,学科背景比较深厚,教师的思想深度和教学经验也比较丰富,而G大学中则以青年教师居多,他们在教学投入和方式上都比较有想法(从表4-5中,我们也可以看出G大学老师的"教学方式"和"教学态度"的认可度更高),但是在教学经验上有所欠缺,这些原因造成了Z大学学生对本校老师的教学水平认可度更高。

第三,在"所学专业开设的专业课能否满足你的需求"这道题目上,两所学校存在着更加显著的差异(P=0.000<0.001)。由图4-5中我们可以看出,Z大学学生选择"符合"的比例为38.8%,选择"不符合"的比例为14.8%;G大学学生选择"符合"的比例为18.9%,选择"不符合"的比例为30.4%,超过三成的学生认为所学专业开设不合理,Z大学的学生在专业课的符合率接近G大学学生的两倍,不符合率仅为G大学学生的一半。专业课的设置问题更能体现一个学校课程的合理程度,Z大学办学历史较悠久,专业课的设置经过多次的讨论修订而变得更加合理,而G大学一些本科专业还处在设立时间不长的探索中,特别是那些学校相对弱势的学科,由于经验的不足,师资的匮乏,还处于摸索阶段,师资队伍结构上的不完善使得G大学的一些专业先天不足,专业课的开设不能很好地满足学生的需求。

第四,在"是否有兼职老师为你上课"这道题目上,两所学校存在着极其显著差异(P=0.000<0.001)。从图4-3和图4-4中我们可以看出,对于兼职老师的上课频率,Z大学学生选择"经常"和"有时"的比例为8.6%,选择"很少"和"从来没有"的比例为91.4%,超过九成的学生很少在上课中看到兼职老师的出现;在G大学,学生选择"经常"和"有时"的比例为59.9%,选择"很少"和"从来没有"的比例为40.1%,由此可见,兼职老师上课在G大学的课堂中是比较常见的,选择"从来没有"的

仅有16.4%。由表4-5中我们也可以看出Z大学教授和副教授的上课出勤率也优于G大学。从这个明显差异中，可以看出G大学作为教学型大学，师资队伍结构还存在不完善之处。由于教学型大学在教师待遇、人事编制和福利保障政策上与Z大学存在差距，使得高水平教师的引进困难，加之高等教育大众化以来学生规模的急速扩大，G大学在师资紧缺的情况下，只能用兼职教师补缺的方式来弥补师资的不足。

3. 实践教学

（1）整体描述。

一般来说，应用性较强专业的学生更趋向于在理论学习的基础上通过多参与实践的方式学习。只有当知识应用于具体的实际问题和环境时，他们才学得更好。但多数教师的学习是不依赖于实践的，他们更喜欢用观察、分析和个人思考等方式，很多教师没有系统地学习过积极的合作性的学习方法，工作后也没有接受实践教学法的培训①。

从图4-7中我们可以看出Z大学和G大学在实践教学上满意度的评价，从实验课程的开设情况看，Z大学学生选择"满意"的比例为46.8%，选择"不满意"的比例为18.0%；G大学学生选择"满意"的比例为19.0%，选择"不满意"的比例为39.6%；在专业实习的安排情况上，Z大学学生选择"满意"的比例为48.6%，选择"不满意"的比例为12.5%；G大学学生选择"满意"的比例为40.9%，选择"不满意"的比例为29.6%；在实习基地的安排情况上，Z大学学生选择"满意"的比例为57.3%，选择"不满意"的比例为13.5%；G大学学生选择"满意"的比例为6.6%，选择"不满意"的比例为71.2%。整体来说，Z大学学生不管是对实验课程的开设、对专业实习的安排还是对实习基地的安排的满意度都高于G大学学生，对专业实习的安排两校差异不大，说明现今高校对专业实习都普遍重视。在对

---

① 菲利普·G.阿特巴赫，帕特丽夏·J.冈普奥特，D.布鲁斯·约翰斯通. 为美国高等教育辩护[M]. 别敦荣，陈艺波主译. 青岛：中国海洋大学出版社，2007.

实验课程的开设，特别是对实习基地的安排上，Z大学学生的满意度则明显高于G大学学生的满意度。G大学学生对学校实践教学普遍不满意，其中对实习基地的不满意程度最高，超过七成的学生，在"你对实习基地安排是否满意"这个题目上选择了"不满意"。

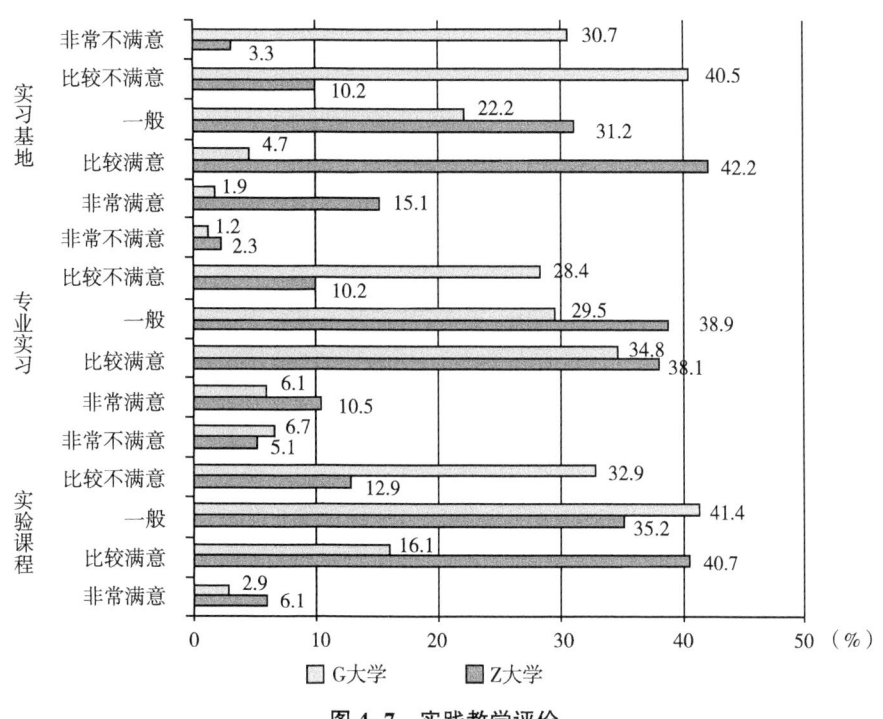

图4-7 实践教学评价

（2）比较与分析。

对Z大学和G大学实践教学情况的考查从对实验课程安排、专业实习安排、实习基地安排及参与实践的欲望和实践机会来源5个方面的信息进行收集，对比两所高校的实践教学情况，如表4-6所示。整体来说，Z大学实践教学满意度是高于G大学的。Z大学学生对学校开设的实习基地的满意度最高，对实验课程开设的满意度最低。G大学学生在各项的满意度的均值均大于理论平均值，说明学生对学校实践教学的开展情况不满意。通过对两所学校在实践教学上的对比，我们可以发现，两校在"你对专业实习安排是否满意"、"你对实验课程的安排是否满意"和"你对实习基地安排是否满意"3题上均存在显著差异。

表 4-6　实践教学比较

	Z 大学均值	G 大学均值	F	t	Sig.（双侧）
实验课程	2.70	3.25	1.213***	-6.849	0.000
专业实习	2.56	2.84	2.134**	-3.473	0.001
实习基地	2.45	3.93	3.154***	-17.973	0.000

注：① * 代表 P<0.05、** 代表 P<0.01、*** 代表 P<0.001。

②第1、第2、第3项答案从"非常满意"到"非常不满意"共分5个等级进行计分，分别计1~5分；第4项答案从"非常希望"到"非常不希望"共分5个等级进行计分，分别计1~5分；第5项答案从"院系"到"自己找"共分5个等级进行计分，分别计1~5分。以上各项均值越低代表满意度越高。

第一，在"你对专业实习安排是否满意"这道题目上，两所学校存在着显著差异（P=0.001<0.01）。从图4-7中我们可以看出，专业实习的安排情况中，Z大学学生选择"满意"的比例为48.6%，选择"不满意"的比例为12.5%；G大学学生选择"满意"的比例为40.9%，选择"不满意"的比例为29.6%。整体上来说，Z大学学生对专业实习安排的满意度要高于G大学学生，这主要和两所学校社会资源的差异性有关。Z大学作为全国重点大学，社会认可度更高，可以为Z大学学生提供更好的专业实习平台及专业实习单位；而G大学提供给学生专业实习的平台比较单一，实习企业数量也不够丰富，这些都影响了两校学生对于专业实习满意程度的不同评价。

第二，在"你对实验课程的安排是否满意"这道题目上，两所学校存在着极其显著差异（P=0.000<0.001）。从图4-7中我们可以看出，实践课程的开设情况中，Z大学学生选择"满意"的比例为46.8%，选择"不满意"的比例为18.0%；G大学学生选择"满意"的比例为19.0%，选择"不满意"的比例为39.6%。Z大学学生的满意度远远高于G大学在此项上的满意度，造成这么大的差异和两所学校在硬件条件上的差距分不开。Z大

学的实验室多且功能齐全，对学生的开放程度也比较高。而G大学由于经费条件等现实因素的制约，没有足够的经费投入到实验室的建设，实验室大多老旧，设备仪器也没有跟上科学进步的脚步，同时实验室对普通学生的开放程度较低，很多需要的实验课由于条件的限制很少上甚至没有上，这些理由都造成了G大学学生对学校实验室的满意程度很低。

第三，在"你对实习基地安排是否满意"这道题目上，两所学校存在着极其显著差异（P=0.000<0.001）。从图4-7中我们可以看出，在对实习基地安排情况的评价中，Z大学学生选择"满意"的比例为57.3%，选择"不满意"的比例为13.5%；G大学学生选择"满意"的比例为6.6%，选择"不满意"的比例为71.2%。我们可以很明显地看到Z大学学生对本校的实习基地的满意度是比较高的，超过半数的学生选择了"满意"，而G大学学生对本校的实习基地的满意度是相当低的，超过七成的学生对此现状表示"不满意"。由于现实条件上的差异，Z大学拥有科研和人才上的优势，使得他们拥有长期稳定的专业对口的实习基地；而G大学没有这么好的社会资源，他们缺乏固定的实习基地，因而不是每一届学生都有实习的资源，这就造成了学生在这一题目的选择上，绝大多数的学生选择了"不满意"。在这方面，G大学应该对学生进行更多的毕业指导和职业指导，为学生提供更好的社会实践，提高学生的理论与实践相结合的能力。

二、校园活动比较

校园活动对在校大学生在校园日常生活的考查，是大学生就读经验调查研究的主体内容。我们从课程学习、同学交往、师生交往和课外活动四个方面对Z大学学生和G大学学生的校园活动进行比较研究。

1. 课程学习

（1）整体描述。

Z大学学生课程学习情况如图4-8所示，我们可以看出Z大学学生在"上课认真做好笔记"、"课后按时完成作业"和"去图书馆借书"这三个方面参与情况比较好，绝大多数学生选择了"经常"和"有时"，其中"上课认真做好笔记"的比例达到 80.9%，"课后按时完成作业"的比例高达 92.8%，"去图书馆借书"的比例也达到 76.3%；我们也可以看到 Z 大学学生在"课前预习"和"上课发言"的参与度比较低，超过半数的学生没有很好地参与，大多数学生选择了"很少"和"从来没有"，在"课前预习"上表现为 65.6%，在"上课发言"上更是表现为 77.4%。

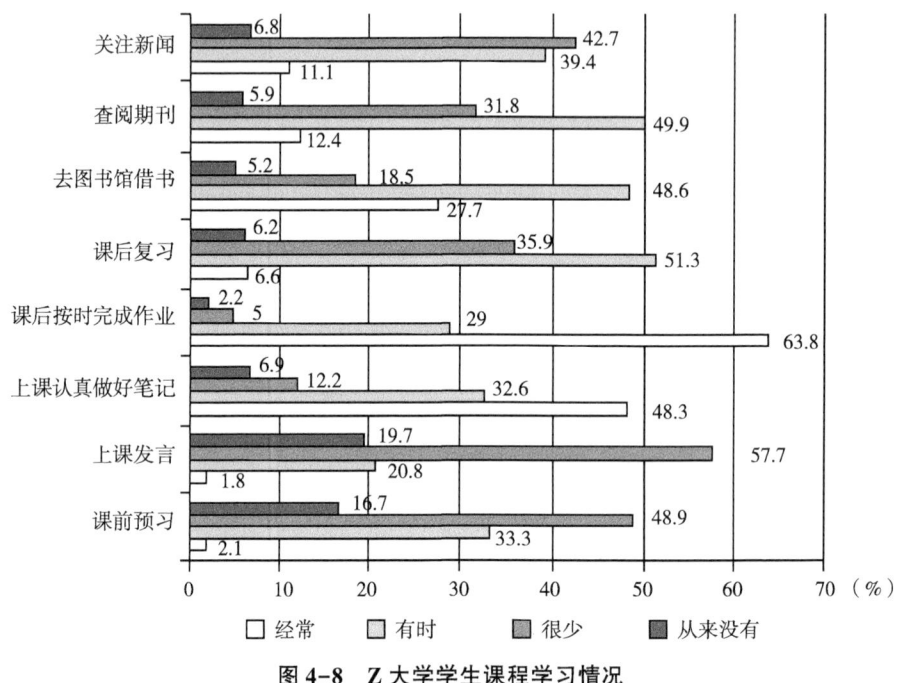

图 4-8　Z 大学学生课程学习情况

G 大学学生课程学习情况如图 4-9 所示，我们可以看出 G 大学学生除了"课后按时完成作业"和"上课认真做好笔记"的参与度较高，其他各项的参与度都比较低。"课后按时完成作业"的参与度最高，G 大学学生在这一项中选择"经常"和"有时"的比例为 80.8%，超过八成的学生都按时完成了作业。其他各项的参与度整体很低，其中"课前预习"、"上课发言"和"查阅期刊"的参与度是最低的，大部分学生选了"很少"和"从来没有","课前预习"表现为75.0%,"上课发言"表现为74.6%,"查阅期刊"表现为68.4%,不参与度接近或超过七成。其他各项中,"关注新闻"的不参与度为58.2%,"去图书馆借书"的不参与度为59.6%,"课后复习"的不参与度也达到59.4%,这些数据都表明,G大学学生对课程学习的参与度水平不够高。

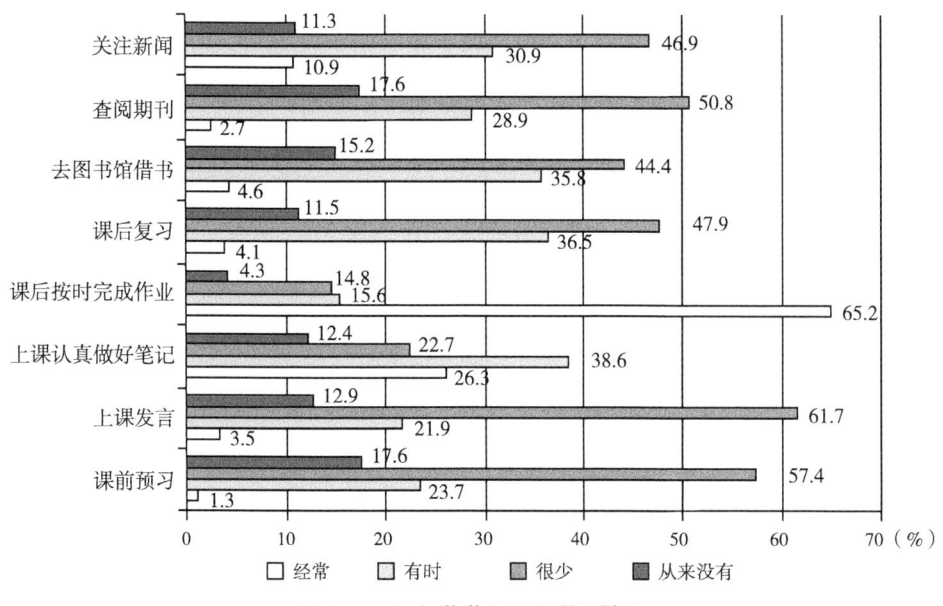

图4-9　G大学学生课程学习情况

从上述数据来看,Z大学和G大学学生在课程学习上的情况和我们第三章湖南省大学生就读经验调查中呈现的课程学习情况基本一致。

(2) 比较与分析。

对Z大学和G大学学生课程学习的参与度调查从"课前预习"、"上课发言"、"上课认真做好笔记"、"课后复习"、"课后按时完成作业"、"去图书馆借书"、"查阅期刊"和"关注新闻"八个方面的参与度情况进行调查,对比两所高校学生的课程学习情况,如表4-7所示。整体来说,Z大学学生课程学习的参与度是高于G大学学生的参与度的。Z大学在8个分项中有6

项的均值大于理论平均值，有2项的均值是小于理论平均值的，说明该校学生对课程学习的参与度比较平均，其中对"课后按时完成作业"和"上课认真做好笔记"的参与度是比较高的，对"上课发言"的参与度是最低的。G大学8个分项中有7项的均值大于2，说明该校学生对课程学习的参与度普遍不高，而且G大学学生的课程学习参与度普遍低于Z大学学生，仅有"上课发言"这1项的参与度略微高于Z大学学生，除了"课后按时完成作业"的均值低于2，其他各项均值均高于2，这也说明了中国高校学生受儒家思想影响，对自己有着低调的课堂行为期待①。通过对两所学校学生在课程学习上的对比，我们可以发现两校在"你是否会上课认真做好笔记"、"你是否会在课前做好预习工作"、"你是否会在课后对课堂内容进行复习"、"你是否会查阅与专业相关的期刊论文"和"你是否会去图书馆借书"5题上存在显著差异。

表4-7 课程学习比较

	Z大学均值	G大学均值	F	t	Sig.（双侧）
课前预习	2.79	2.91	9.446*	-2.002	0.046
上课发言	2.95	2.84	0.517	1.913	0.056
上课认真做好笔记	1.77	2.21	1.319***	-5.411	0.000
课后按时完成作业	1.46	1.58	23.697	-1.822	0.069
课后复习	2.41	2.66	0.113***	-4.039	0.000
去图书馆借书	2.01	2.70	4.257***	-10.029	0.000
查阅期刊	2.31	2.83	2.043***	-8.050	0.000
关注新闻	2.45	2.59	0.720	-1.929	0.054

注：①*代表P<0.05、**代表P<0.01、***代表P<0.001。
②从"时常"到"从来没有"分4个等级进行计分，分别计为1~4分，分数越低表示参与度越高。

---

① Bray M., Lee, W.O. Education and Socio-Political Transitions in Asia: Diversity and Commonality [J]. Asia-Pacific Journal of Education, 1996, 16 (1).

第四章 研究型大学与教学型本科院校学生就读经验的比较分析

第一，在"你是否会上课认真做好笔记"这道题目上，两所学校存在着极其显著差异（P=0.000<0.001）。由图4-8可知，Z大学学生在"上课认真做好笔记"选择"经常"和"有时"的比例为80.9%，超过八成的学生会在上课做好笔记；由图4-9可知，G大学学生在"上课认真做好笔记"上选择"经常"和"有时"的比例为64.9%。两所学校的学生大多数都养成了上课做笔记的习惯，这和他们高中时养成的学习习惯分不开，由于Z大学是全国重点大学，招收的学生大多是在高中时期学习成绩较好的一些学生，生源质量上的差异使得Z大学学生在学习习惯上比G大学学生学习习惯更好一些，这也表现在他们上课时认真记笔记的参与度更高一些。

第二，在"你是否会在课前做好预习工作"这道题目上，两所学校存在着显著差异（P=0.046<0.05）。由图4-8可知，Z大学学生在"你是否会在课前做好预习工作"选择"经常"和"有时"的比例仅为35.4%，学生整体上选择在课前预习的参与度比较低；由图4-9可知，G大学学生在"你是否会在课前做好预习工作"选择"经常"和"有时"的比例更是只有25.0%。两所学校的学生在课前预习上的参与度都比较低，这也是由于进入大学后，课业与高中相比更为轻松，而且大学生活更加丰富多彩，因而大学生放在学业上的关注点下降，这也使得课前预习的参与度不高。而Z大学作为研究型大学，对学术研究更为重视，学生的课业相较于G大学学生更为沉重。这些差异造成了G大学学生在课前预习方面和Z大学学生有着显著差异。

第三，在"你是否会在课后对课堂内容进行复习"这道题目上，两所学校存在着极其显著差异（P=0.000<0.001），在"你是否会查阅与专业相关的期刊论文"这道题目上，两所学校存在着极其显著差异（P=0.000<0.001），在"你是否会去图书馆借书"这道题目上，两所学校存在着极其显著差异（P=0.000<0.001）。由图4-8可知，Z大学学生在"你是否会在课后对课堂内容进行复习"选择"经常"和"有时"的比例为57.9%，在"你是否会查阅与专业相关的期刊论文"选择"经常"和"有时"的比例为62.3%，在"你是否会去图书馆借书"选择"经常"和"有时"的比例

为76.3%；由图4-9可知，G大学学生在"你是否会在课后对课堂内容进行复习"选择"经常"和"有时"的比例仅为40.6%，在"你是否会查阅与专业相关的期刊论文"选择"经常"和"有时"的比例仅为31.6%，在"你是否会去图书馆借书"选择"经常"和"有时"的比例仅为40.4%。G大学学生在去图书馆借书、查阅期刊和课后复习上的参与度与Z大学学生有着比较大的差距，通过对比也存在着极其显著差异。造成这么大差异的原因既有学校方面的问题，也存在着学生自己的问题。从学校的层面看，Z大学图书馆相较于G大学有着更为门类齐全的书籍，提供的电子学术网络资源也较丰富，校园网络也比较发达，这些都为Z大学学生借阅书籍、查阅期刊论文及课后复习提供了更便利的条件，同时Z大学拥有学术水平更高的一批教师，他们为Z大学学生也提供了更多的指导；从学生的层面来看，Z大学学生相较于G大学学生对学术追求的参与度更高，对继续深造的渴望更直接，因此他们会花更多的时间进行课后复习，巩固所学知识，夯实学科基础。同时学校氛围的影响也使得他们养成去图书馆的习惯，部分学生也参与到老师的课题研究中，对借阅书籍、查阅期刊论文的需求更迫切，对专业发展的动态更加关注。

2. 同学交往

（1）整体描述。

Z大学同学交往情况如图4-10所示，我们可以看出Z大学学生的同学交往的参与度，整体来说，Z大学学生同学交往的参与度比较高。其中，在"结伴一起去自习"和"探讨人生理想和未来规划（畅聊人生）"这两个方面参与情况最好，绝大多数学生选择了"经常"和"有时"，其中"结伴一起去自习"的比例达到71.7%，"探讨人生理想和未来规划"的比例高达81.8%；我们也可以看到Z大学学生在"讨论学到的知识"和"与不同专业的学生探讨学术问题（跨专业交流）"的参与度相对较低，但是也有超过半数的学生参与其中，选择了"经常"和"有时"，在"讨论学到的知识"上表现为52.4%，在"与不同专业的学生探讨学术问题"上为51.9%。

第四章 研究型大学与教学型本科院校学生就读经验的比较分析

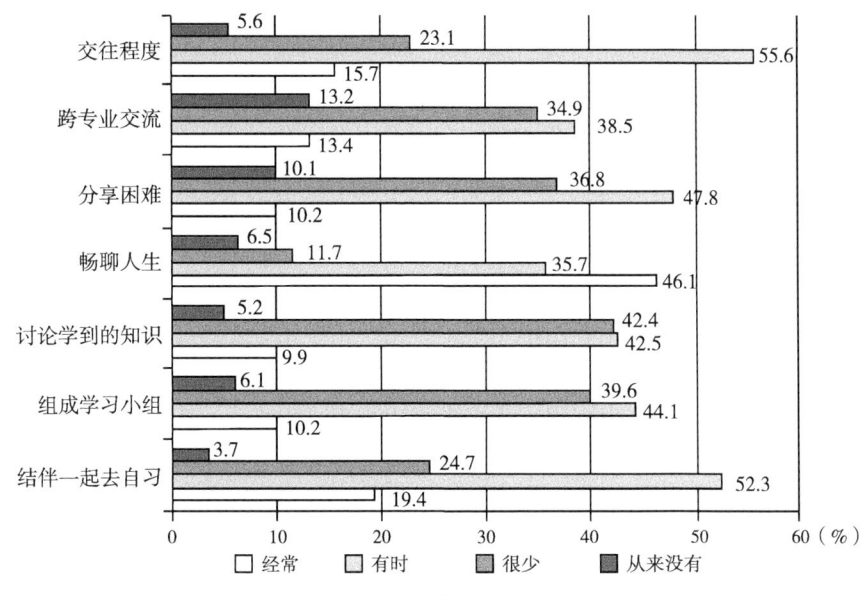

图 4-10 Z 大学同学交往情况

G 大学同学交往情况如图 4-11 所示，我们可以看出 G 大学学生的同学交往的参与度，整体来说，G 大学学生在同学交往的参与度和不参与度相似，整体数据表现比较平衡。同样的，是在"结伴一起去自习"和"探讨人生理想和未来规划（畅聊人生）"这两个方面参与情况最好，绝大多数同学选择了"经常"和"有时"，说明现今大学生都会选择和同学一起畅聊人生，结伴去自习。其中"结伴一起去自习"的比例达到 64.3%，"探讨人生理想和未来规划"的比例高达 89.6%，近九成的大学生会和同学畅聊人生；我们也可以看到 G 大学学生在"组成学习小组"和"与不同专业的学生探讨学术问题（跨专业交流）"的参与度相对较低，在这两个项目中，G 大学大部分的学生选择了"很少"和"从来没有"，其中，在"组成学习小组"上表现为 57.2%，在"与不同专业的学生探讨学术问题"上则是表现为 60.8%，由此可见，组成学习小组和跨专业交流并不是 G 大学学生之间的主流交流方式。

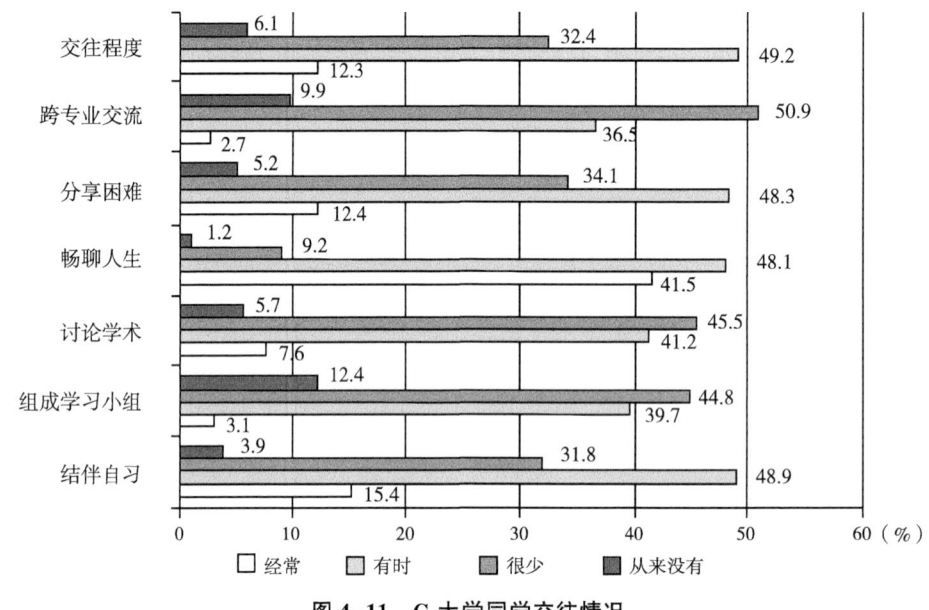

图 4-11 G 大学同学交往情况

(2) 比较与分析。

对 Z 大学和 G 大学学生同学交往的参与度调查从结伴自习、组成学习小组、讨论学术、畅聊人生、分享困难、跨专业交流和交往程度 7 个方面的参与度情况进行调查,对比两所高校学生的同学交往情况,如表 4-8 所示。整体来说,Z 大学学生同学交往的参与度是高于 G 大学学生的参与度的,由表 4-2 我们知道 Z 大学学生的住宿率为 92.9%,高于 G 大学学生的住宿率(90.9%),而大学宿舍是同学交往的重要场所,奇克林所做的重要研究表明:学生在学校住宿不但能改善其社交能力和学术成绩,还能加强其完成学业的机会[①]。Z 大学在 7 个分项中除了"你是否会与同学探讨人生理想和未来规划(畅聊人生)"的均值低于 2,其余 6 项的均值均高于 2,说明 Z 大学学生对同学交往的参与度普遍不高,其中对"结伴一起自习"和"与同学探讨人生理想和未来规划"的参与度是较高的,对"与不同专业的学生

---

① Chickering A. W., Gamson Z. F. Seven Principles for Good Practices in Undergraduate Education [J]. AAHE Bulletin, 1987, 39 (7).

探讨学术问题（跨专业交流）"的参与度是最低的。G 大学 7 个分项中除了"你是否会与同学探讨人生理想和未来规划"的均值低于 2，其余 6 项的均值均高于 2。与 Z 大学学生同学交往进行对比，可以发现 G 大学学生在"你是否会与同学探讨人生理想和未来规划"和"你是否会与同学分享困难，寻求心理安慰（分享困难）"这两项的参与度好于 Z 大学学生，其他项均差于 Z 大学学生，说明 G 大学同学之间在生活中联系更密切，Z 大学学生之间在学业交流上更加密切。通过对两所学校学生在同学交往上的对比，我们可以发现两校在"你是否会与不同专业的学生探讨学术问题"、"你是否会与同学组成学习小组"和"总体来说，你和你同学之间的交往（交往程度）" 3 题上存在显著差异。

表 4-8　同学交往比较

	Z 大学均值	G 大学均值	F	t	Sig.（双侧）
结伴自习	2.13	2.24	1.688	−1.723	0.085
组成学习小组	2.42	2.67	0.529***	−3.863	0.000
讨论学术	2.42	2.50	0.199	−1.158	0.247
畅聊人生	1.78	1.70	13.745	1.196	0.237
分享困难	2.39	2.32	0.071	1.086	0.278
跨专业交流	2.48	2.68	26.284**	−2.927	0.004
交往程度	2.19	2.33	2.549*	−2.138	0.033

注：①*代表 P<0.05、**代表 P<0.01、***代表 P<0.001。

②从"时常"到"从来没有"分 4 个等级进行计分，分别计为 1~4 分，分数越低表示参与度越高。

第一，在"你是否会与不同专业的学生探讨学术问题"这道题目上，两所学校存在着显著差异（P＝0.004<0.01）。由图 4-10 可知，Z 大学学生在"你是否会与不同专业的学生探讨学术问题"选择"经常"和"有时"的比例为 51.9%，超过一半的学生会与跨专业同学交流学术问题；由图 4-11 可知，G 大学学生在"你是否会与不同专业的学生探讨学术问题"选择"经常"和"有时"的比例仅为 39.2%。相较于其他项的高参与度，不论是 Z

大学学生还是G大学学生在与外院系同学交往的参与度要低于本院系的同学。两校学生在与外院系同学交往上的差异和两所学校规模上的差异有着分不开的联系。Z大学拥有更庞大的院系结构，院系之间的交流方式也丰富多样，学术活动也相对较多，因而Z大学学生拥有更多和外院系同学交往的机会，而G大学在这方面提供给不同专业学生交往的机会和平台不如Z大学，很多普通学生交往的都是本院系的同学。

第二，在"你是否会与同学组成学习小组"这道题目上，两所学校存在着极其显著差异（P=0.000<0.001）。由图4-10可知，Z大学学生在"你是否会与同学组成学习小组"选择"经常"和"有时"的比例为54.3%，超过一半的学生会与同学组成学习小组探讨学术问题；而由图4-11可知，G大学学生在"你是否会与同学组成学习小组"选择"经常"和"有时"的比例仅为42.8%，比Z大学学生低了10多个百分点。造成差异的原因主要还是两所学校的学习氛围和学习习惯。在研究型大学Z大学，老师更为提倡团队合作，鼓励同学参与课题和自己立项进行科学研究，这就使得一些有着相同学科背景的人进行合作，也使得一些为了同一研究目的不同学科背景的学生参与到研究团队中来，大家交流讨论，成立学习小组一起探讨学术问题。而在G大学中，同学之间合作的项目比较少，很多人还没有形成合作的意识和学习习惯，除了一些关系亲密的同学自行组织的学习小组，其他形式的学习小组很少。

3. 师生交往

(1) 整体描述。

Z大学师生交往情况如图4-12所示，我们可以看出Z大学学生的师生交往的参与度，整体来说，Z大学学生在师生交往的参与度不高。其中，在"向老师请教问题（请教问题）"和"从老师的反馈中获得动力（获得反馈）"这两个方面参与情况最好，绝大多数学生选择了"经常"和"有时"，其中"向老师请教问题"的比例达到59.5%，"从老师的反馈中获得动力"的比例为58.4%，超过半数的学生会以这两种形式与老师交流；我们也可以看到Z大学学生在"参与老师课题（参与课题）"、"与老师一起参与校园活动（参与活动）"和"与老师进行日常交流（日常交流）"的参与度比较低，有超过六成的同学选择了"很少"和"从来没有"，在"参与老师课题"上表现为70.3%，在"与老师一起参与校园活动"上表现为69.3%，在"与老师进行日常交流"上更是高达71.5%。

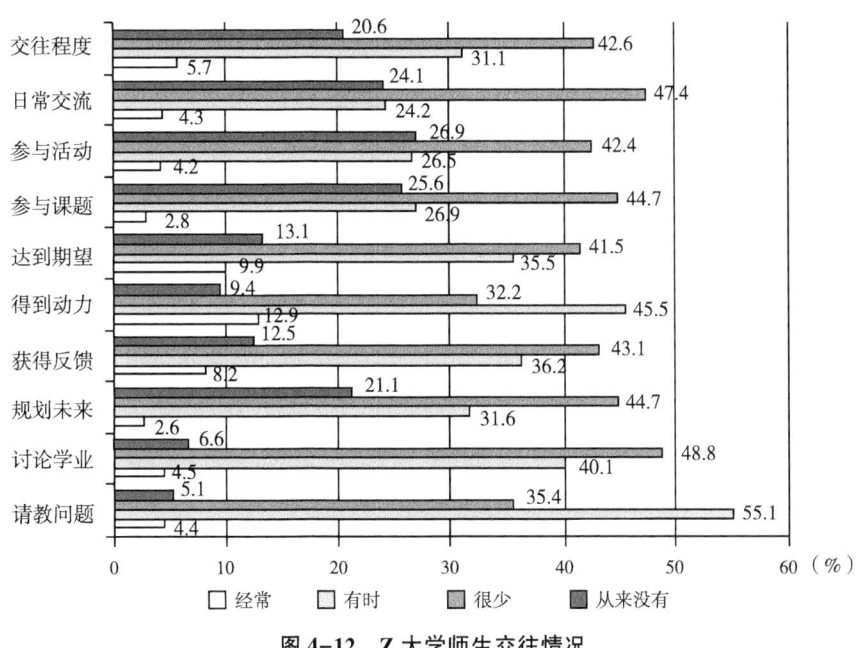

图 4-12　Z 大学师生交往情况

G大学师生交往情况如图4-13所示，我们可以看出G大学学生的师生交往的参与度，整体来说，G大学学生师生交往的参与度比较低。其中，在"努力达到老师的期望（达到期望）"和"从老师的反馈中获得动力（得到动力）"这两个方面参与情况较好，绝大多数学生选择了"经常"和"有时"，其中"努力达到老师的期望"的比例达到49.9%，"从老师的反馈中获得动力"的比例为65.4%，这两项上的高参与度可以反映出G大学学生渴望得到老师的认可和鼓励的强烈愿望；我们也可以看到G大学学生在各项上的参与度普遍低于50%，其中"参与老师课题"的参与度是最低的，有86.7%的学生选择了"很少"和"从来没有"。

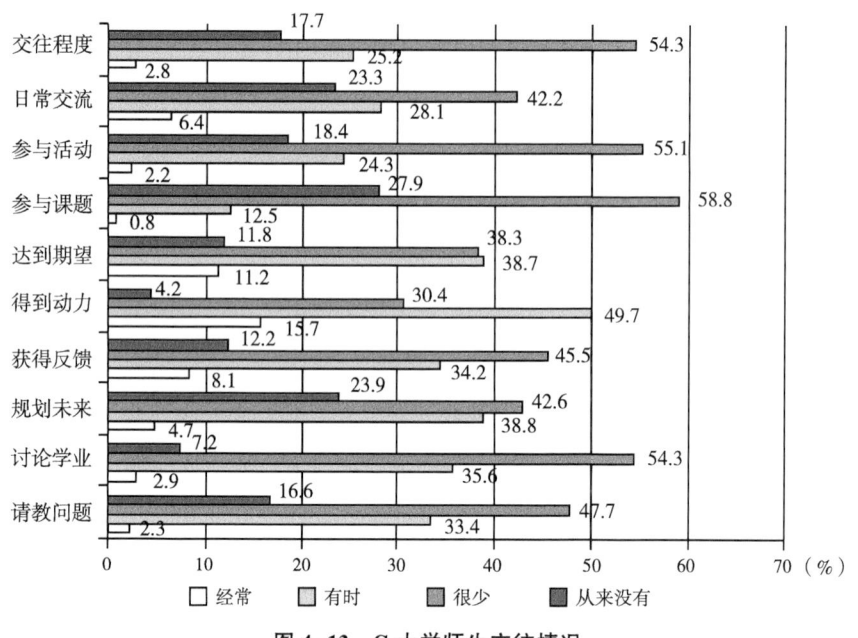

图4-13 G大学师生交往情况

(2) 比较与分析。

对Z大学和G大学学生师生交往的参与度调查从请教问题、讨论学业、规划未来、获得反馈、得到动力、达到期望、参与课题、参与活动、日常交流和交往程度10个方面的参与度情况进行调查，对比两所高校师生交往情况，如表4-9所示。整体来说，Z大学学生的师生交往参与度和G大学学生的师生交往参与度普遍不高，并且Z大学学生的师生交往的参与度是高于G大学学生的参与度的。Z大学10个分项的均值均大于2，说明Z大学学生对师生交往的参与度整体不高，其中对"你是否会向老师请教问题"和"老师的反馈是否会给你动力"的参与度较高，对"你是否参与了老师的课题"、"你是否与老师一起参与校园活动"和"你是否与老师进行日常交流"这3项的参与度较低，其中"你是否参与了老师的课题"在Z大学和G大学的学生中的参与度都是最低的，说明了在现今本科阶段的大学生中，参与了老师课题的学生只是少数。G大学10个分项的均值均大于2，说明G大学学生对师生交往的参与度是比较低的。与Z大学学生师生交往进行对比，可以发现G大学学生在"老师的反馈是否会给你动力"、"你是否会为了达到老师的期望而努力"和"你是否与老师进行日常交流"这3项的参与度好于Z大学学生，其他项均差于Z大学学生，说明G大学学生对于获得老师的反馈和鼓励认可更为迫切，需要社会和老师的认同感，并会为了老师的期望而更加努力。通过对两所学校学生在师生交往上的对比，我们可以发现两校在"老师的反馈是否会给你动力"、"你是否会向老师请教问题"和"你是否参与了老师的课题"3题上存在显著差异。

表4-9 师生交往比较

	Z大学均值	G大学均值	F	t	Sig.（双侧）
请教问题	2.41	2.78	1.007***	-6.113	0.000
讨论学业	2.57	2.66	2.087	-1.623	0.105
规划未来	2.85	2.84	2.005	0.086	0.931
获得反馈	2.60	2.61	0.088	-0.210	0.833
得到动力	2.38	2.23	4.873*	2.120	0.034
达到期望	2.57	2.50	0.044	0.954	0.340
参与课题	2.93	3.14	10.118**	-3.336	0.001
参与活动	2.92	2.89	8.724	0.343	0.732
日常交流	2.91	2.83	3.710	1.142	0.254
交往程度	2.78	2.87	12.731	-1.326	0.186

注：① * 代表P<0.05、** 代表P<0.01、*** 代表P<0.001。

② 从"时常"到"从来没有"分4个等级进行计分，分别计为1~4分，分数越低表示参与度越高。

第一，在"老师的反馈是否会给你动力"这道题目上，两所学校存在着显著差异（P=0.034<0.05）。由图4-12可知，Z大学学生在"老师的反馈是否会给你动力"选择"经常"和"有时"的比例为58.4%；由图4-13可知，G大学学生在"老师的反馈是否会给你动力"选择"经常"和"有

时"的比例为65.4%。整体上来说，G大学学生在"老师的反馈是否会给你动力"上的参与度要高于Z大学学生，这也反映出作为教学型大学的G大学的学生其实对于期望得到老师认可的诉求是高于研究型的Z大学学生的，他们期望得到老师的关注、反馈，并能从老师的反馈中激发出更大的动力，这也反映了教学型大学的教师应该给予学生更多的关注和反馈。

第二，在"你是否会向老师请教问题"这道题目上，两所学校存在着极其显著差异（P=0.000<0.001）。由图4-12可知，Z大学学生在"你是否会向老师请教问题"选择"经常"和"有时"的比例为59.5%；由图4-13可知，G大学学生在"你是否会向老师请教问题"选择"经常"和"有时"的比例仅为35.7%。在向老师请教问题的参与度上的差异和学校的学术氛围及学生个人的需求有关，Z大学的学术氛围相较于G大学更加浓郁，老师对学生在学术上的要求也更加高，学生向老师请教问题已经成为比较常见的现象；而G大学没有那么深厚的学术底蕴，学生中选择继续做学术研究的人数也比Z大学的人数少，学生中向老师请教问题的情况比较少见，这种状况无法成为常态去影响更多的学生进行这种行为。

第三，在"你是否参与了老师的课题"这道题目上，两所学校存在着显著差异（P=0.001<0.01）。由图4-12可知，Z大学学生在"你是否参与了老师的课题"选择"经常"和"有时"的比例为29.7%；由图4-13可知，G大学学生在"你是否参与了老师的课题"选择"经常"和"有时"的比例仅为13.3%。造成这种差异和两所学校之间的科研项目数量和质量不对等有很大的关系。Z大学作为研究型的全国重点大学，师资力量更强大，学术积累更丰厚，科研实力更强，获得的课题项目也比G大学更多。同时，Z大学为了提高自身的科研能力，学校出台了多项政策、拨出专项经费用于鼓励全校师生进行科学创新研究，这些都造成了Z大学的科研课题的数量远多于G大学的科研课题数量。科研数量上的多寡也就造成了学生参与课题的机会不均等，这些都造成了在"你是否参与了老师的课题"这道题目上，两所学校有着极其显著的差异。

第四章 研究型大学与教学型本科院校学生就读经验的比较分析

4. 课外活动

(1) 整体描述。

从图 4-14 我们可以看出 Z 大学学生课外活动的参与度,整体来说,Z 大学学生在课外活动的参与度比较高。其中,在"参加学术活动"和"参加社会实践"这两个方面参与情况最好,绝大多数学生选择了"经常"和"有时",其中"参加学术活动"的比例达到 64.5%,"参加社会实践"的比例为 67.9%,超过六成的学生选择这两种方式进行课外活动;我们也可以看到 Z 大学学生在"参加学生会工作"的参与度比较低,有 64.0% 的学生选择了"很少"和"从来没有",学生对进入学生会从事学生管理与服务工作的热衷度普遍不高。

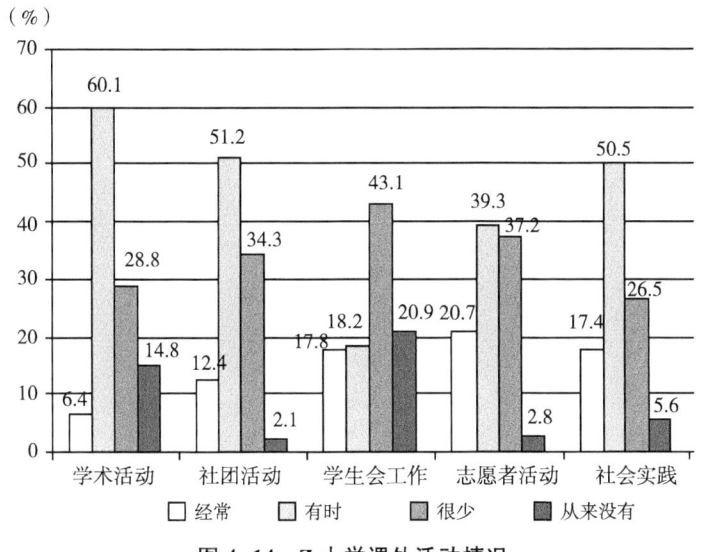

图 4-14 Z 大学课外活动情况

从图 4-15 中我们可以看出 G 大学学生课外活动的参与度,整体来说,G 大学学生在课外活动的参与度比较高。其中,在"参加社团活动"和"参加社会实践"这两个方面参与情况较好,超过六成的学生选择了"经

· 119 ·

常"和"有时",其中"参加社团活动"的比例达到65.6%,"参加社会实践"的比例更是高达76.4%;同时,在这五项中,"参与学术活动"和"参加学生会工作"的参与度是较低的,在"参与学术活动"这项中有59.2%的学生选择了"很少"和"从来没有",在"参加学生会工作"这项中有66.2%的学生选择了"很少"和"从来没有"。由图4-14和图4-15我们也可以看出,"参加学生会工作"这项活动在Z大学和G大学的学生中的参与度都是相对低的。

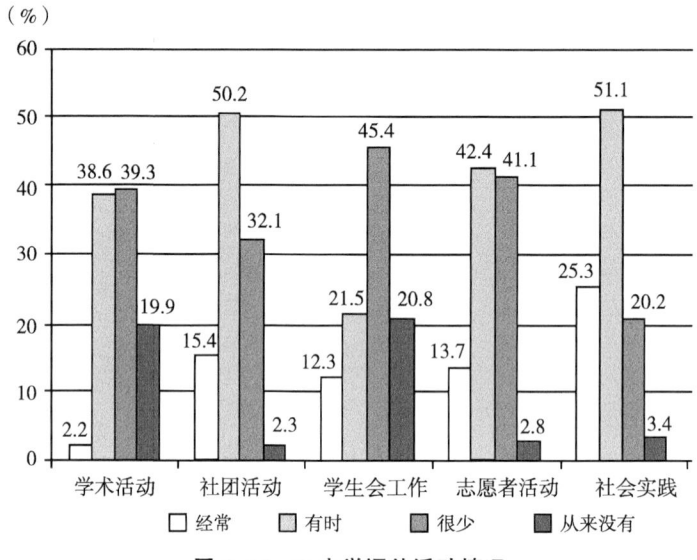

图4-15　G大学课外活动情况

(2) 比较与分析。

对Z大学和G大学学生课外活动的参与度调查从学术活动、社团活动、学生会工作、志愿者活动和社会实践5个方面的参与度情况进行调查,对比两所高校课外活动的情况,如表4-10所示。整体来说,Z大学学生课外活动的参与度和G大学学生课外活动的参与度都比较高。Z大学5个分项的参与度的均值均低于2,其中在"参加学术活动"和"参加社会实践"的参与度较高,在"你是否参与学生会的工作"的参与度比较低,其中"你是

第四章 研究型大学与教学型本科院校学生就读经验的比较分析

否参与学生会的工作"在Z大学学生中和在G大学学生中的参与度都是最低的,说明了在Z大学和G大学的学生中加入学生会的学生是少数。G大学5个分项的参与度的均值均低于2,整体参与度也比较高。对比两所学校学生的课外活动参与度,我们可以看出,在"你是否参加社团活动"和"你是否参加实习或社会实践工作"两项中,G大学学生的参与度要好于Z大学学生,其他三项中Z大学学生的参与度要好于G大学学生的参与度,G大学学生在实践活动中更积极,Z大学学生在学术活动中更积极。在"你是否参加实习或社会实践工作"和"你是否参与学术沙龙、论坛和讲座"两项中两校存在显著差异。

表4-10 课外活动比较

	Z大学均值	G大学均值	F	t	Sig.(双侧)
学术活动	1.22	1.74	1.197***	-3.570	0.000
社团活动	1.26	1.21	0.012	0.761	0.447
学生会工作	1.67	1.77	3.471	-0.904	0.367
志愿者活动	1.32	1.33	1.284	-1.578	0.115
社会实践	1.20	1.02	4.556**	2.785	0.006

注:①*代表P<0.05、**代表P<0.01、***代表P<0.001。
②从"时常"到"从来没有"分4个等级进行计分,分别计为1~4分,分数越低表示参与度越高。

第一,在"你是否参加实习或社会实践工作"这道题目上,两所学校存在着显著差异(P=0.006<0.01)。由图4-14可知,Z大学学生在"你是否参加实习或社会实践工作"选择"经常"和"有时"的比例为67.9%;由图4-15可知,G大学学生在"你是否参加实习或社会实践工作"选择"经常"和"有时"的比例则为76.4%。我们可以看出两校学生对于参加社会实践活动的参与性都很高,G大学学生参加社会实践活动的参与积极性要高于Z大学学生参加社会实践活动的积极性。两所学校的学生参加实习或社会实践工作的参与度高与学校的培养目标以及学生自身追求有关。在劳动力就业市场越来越严峻的形势下,为加强学生理论联系实际的能力,对于本科

学校大四的学生高校一般会统一安排学生进行相对应专业的社会实践工作；而大四学生由于面对严峻的就业压力，为了锻炼自己的实践能力以达到顺利就业的目的，也会对社会实践活动有很大的需求，依托于安排或者自己去寻找实习岗位。同时，基于高等教育劳动力市场的分割，相对而言，G大学学生的就业压力大于Z大学学生，更多的学生选择毕业后直接就业，这些原因造成G大学学生对于参加实习或社会实践工作的参与度要高于Z大学学生。

第二，在"你是否参与学术沙龙、论坛和讲座"这道题目上，两所学校存在着极其显著差异（P=0.000<0.001）。由图4-14可知，Z大学学生在"你是否参与学术沙龙、论坛和讲座"选择"经常"和"有时"的比例为66.5%；由图4-15可知，G大学学生在"你是否参与学术沙龙、论坛和讲座"选择"经常"和"有时"的比例则仅为40.8%。两所学校学生在参与学术活动上的差异和两所学校不同的办学定位有很大关系。Z大学作为研究型大学，在履行高校的三大基本职能的基础上，尤为重视科研；而G大学作为教学型大学，对教学更加看重，由于自身条件的限制，科学研究的实力较弱。两所学校不同的办学定位使得Z大学的学术活动开展得比较丰富，举办了各种形式的学术沙龙、学术论坛和学术讲座，学生参与度也很高，而G大学这类活动开展得相对较少，学生的积极性也不高。由于两所学校的校园氛围存在差异，使得两所学校学生的学习习惯也有所差异。

三、个人成长收获比较

个人成长收获是对在校大学生经过大学四年的学习生活获得各种能力的自我评价。我们主要从自我对自身计算机应用水平、外语应用能力、品德修养、专业知识、专业技能、学习能力、动手能力、创新能力、团队与协作精神、实际工作能力、社会责任感11个方面能力提升的评价来探讨大学生通过大学生活获得的成长收获。

第四章 研究型大学与教学型本科院校学生就读经验的比较分析

(1) 整体描述。

从图4-16中我们可以看出Z大学学生和G大学学生英语考级的情况。通过英语业余四级已经成为本科院校对学生的基本要求。虽然教育部已经撤销了关于英语等级和学位发放相联系的通知,但是大部分高校依然要求学生参与英语的等级考试。由于抽样的学生专业为会计学专业和自动化专业,都是非英语专业,基本上学校不会组织其参与专业英语等级考试,所以考取专业四级和专业八级的学生极少。整体上来说,两所学校学生考级情况良好,Z大学学生在英语等级考试中的情况比G大学学生的情况更好,Z大学学生至少通过业余四级的学生比例为86.3%,G大学学生至少通过业余四级的学生比例为78.2%。其中,Z大学学生通过英语业余六级的比例更是达到36.1%,高于G大学学生的20.3%。

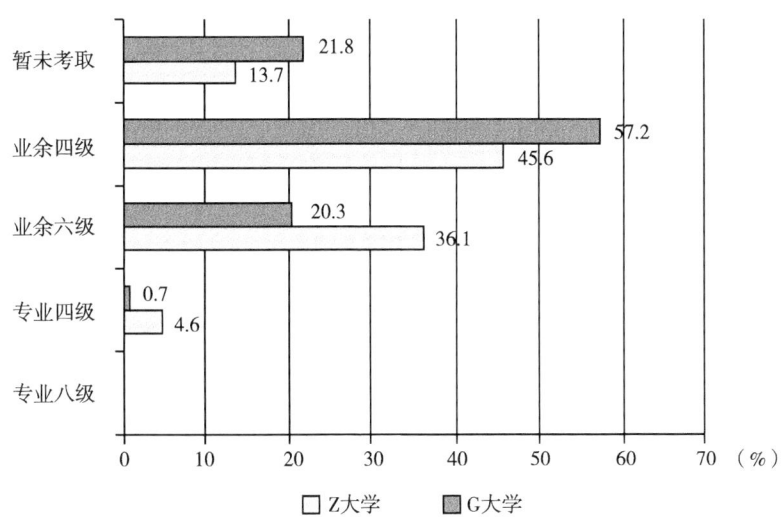

图4-16 Z大学和G大学英语考级情况

从图4-17我们可以看出Z大学学生和G大学学生计算机考级的情况。由于抽取的专业的特点,自动化专业的学生对计算机等级的要求比会计学专业的学生对计算机等级的要求要高,自动化专业的学生主要考取的是计算机二级或者计算机三级，而会计学专业的学生主要考取的是计算机一级或者计算机二级。同时，我们也可以看出 Z 大学学生考取计算机等级的情况比 G 大学学生的情况要好，Z 大学学生中考取最多的是计算机二级，达到 37.4%，而 G 大学学生中考取最多的是计算机一级，达到 40.2%。

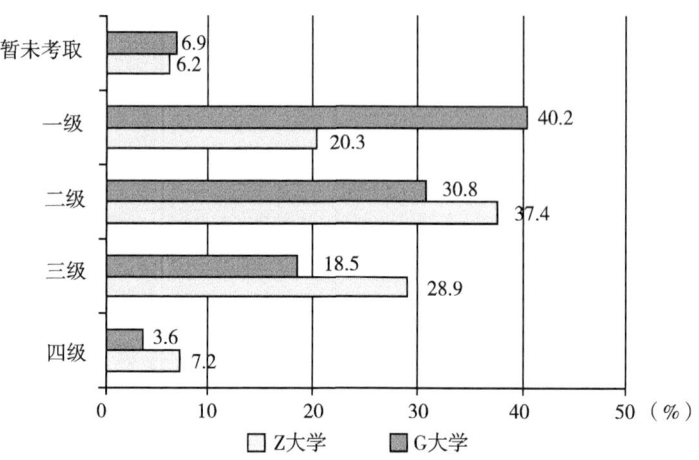

图 4-17　Z 大学和 G 大学计算机考级情况

Z 大学学生对自身能力的自我评价（如图 4-18 所示）反映了经过大学四年的本科教育，学生自我成长收获的情况。整体来说，Z 大学学生对于大学教育对自身能力的提升程度反映比较良好。其中，在"社会责任感"、"品德修养"和"团队与协作精神"这三个方面提升程度最大，其中在"社会责任感"方面选择"多"（包含"很多"和"比较多"，下同）的比例为 72.7%，在"品德修养"选择"多"的比例为 71.5%，在"团队与协作精神"方面选择"多"的比例为 65.2%；在"专业技能"、"创新能力"和"实际工作能力"三个方面提升程度比较少，选择"多"的比例相对较少，其中在"专业技能"上提升程度最少，选择"多"的比例仅为 17.2%，选择"少"（包含"比较少"和"很少"，下同）的比例高达 39.9%。

第四章 研究型大学与教学型本科院校学生就读经验的比较分析

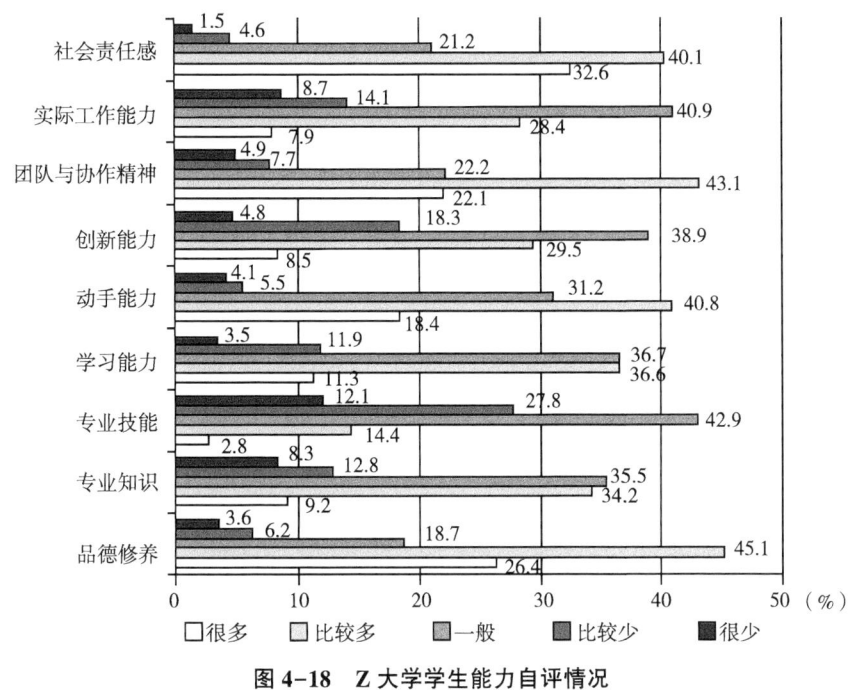

图 4-18 Z 大学学生能力自评情况

从图 4-19 中我们可以看出 G 大学学生对自身能力的自我评价，反映了经过大学四年的本科教育，学生自我成长收获的情况。整体来说，G 大学学生对于大学教育对自身能力的提升程度反映一般。其中，在"社会责任感"、"品德修养"、"动手能力"和"创新能力"这四个方面的提升程度比较大，其中在"社会责任感"方面选择"多"的比例为 55.8%，在"品德修养"方面选择"多"的比例为 65.9%，在"动手能力"方面选择"多"的比例为 42.7%，在"创新能力"方面选择"多"的比例为 40.6%；在"专业技能"、"专业知识"和"团队与协作精神"三个方面提升程度比较少，其中在"专业技能"上选择"少"的比例为 35.9%，在"专业知识"上选择"少"的比例为 33.6%，在"团队与协作精神"上选择"少"的比例为 23.8%。

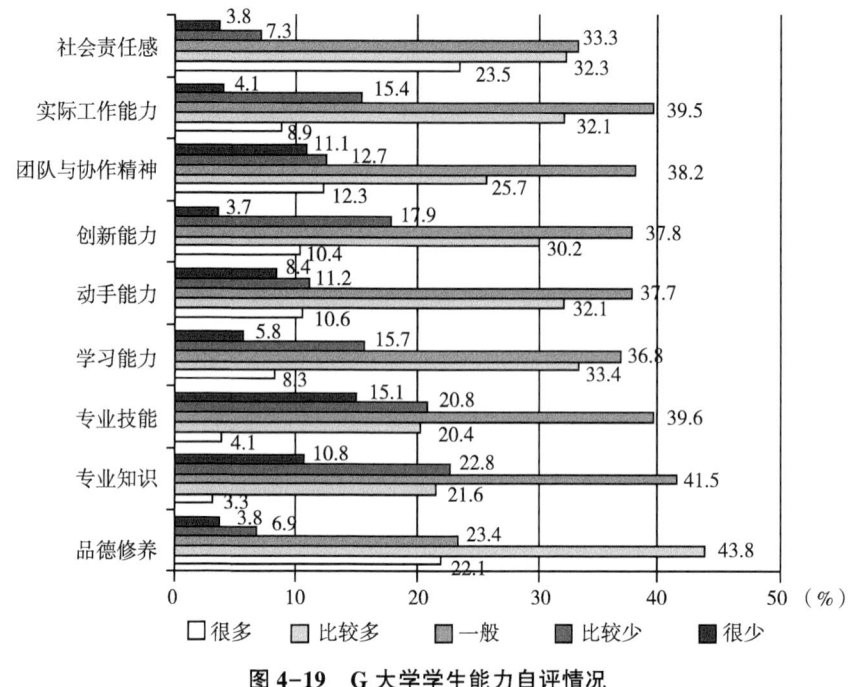

图 4-19 G 大学学生能力自评情况

(2) 比较与分析。

从表 4-11 中我们可以看出 Z 大学学生和 G 大学学生经过大学教育，各方面能力提升程度的比较。整体来说，Z 大学学生个人成长收获的提升程度要大于 G 大学学生个人成长收获提升的程度，"社会责任感"和"品德修养"这两项是两所学校学生对于自身在大学期间普遍提升最大的。Z 大学学生个人成长收获的提升程度整体情况良好，在 11 个分项中有 4 项的均值低于理论平均值，其中，"团队与协作精神"、"社会责任感"和"品德修养"是提升较大的三个方面，"英语等级"、"专业技能"和"计算机等级"是提升较小的三个方面；同时，G 大学学生个人成长收获提升的程度比较一般，在 11 个分项中有 2 项的均值低于理论平均值，其中，"品德修养"、"社会责任感"和"团队与协作精神"是提升较大的三个方面，"英语等级"、"计算机等级"和"专业技能"是提升较小的三个方面。在"英语等级"、"学习能力"、"动手能力""社会责任感"、"专业知识"、"计算机等

第四章 研究型大学与教学型本科院校学生就读经验的比较分析

级"和"团队与协作精神"七个方面存在着显著差异。

表 4-11 能力提升程度比较

	Z 大学均值	G 大学均值	F	t	Sig.（双侧）
英语等级	3.68	4.00	28.652***	-5.125	0.000
计算机等级	2.89	3.29	0.216***	-4.642	0.000
品德修养	2.15	2.27	0.816	-1.415	0.158
专业知识	2.77	3.17	1.902***	-4.513	0.000
专业技能	3.32	3.22	2.588	1.058	0.290
学习能力	2.59	2.77	0.040*	-2.100	0.036
动手能力	2.37	2.75	0.854***	-4.308	0.000
创新能力	2.81	2.74	0.215	0.839	0.402
团队与协作精神	2.30	2.58	0.658***	-5.773	0.000
实际工作能力	2.87	2.74	0.003	1.528	0.127
社会责任感	2.02	2.35	11.987***	-3.887	0.000

注：① * 代表 P<0.05、** 代表 P<0.01、*** 代表 P<0.001。
②从"很多"到"很少"分5个等级进行计分，分别计为1~5分，分数越低表示提升程度越大。

第一，在"社会责任感"的提升程度这道题目上，两所学校存在着极其显著差异（P=0.000<0.001）。由图 4-18 可知，Z 大学学生在"社会责任感"提升程度的选项中，选择"很多"和"比较多"的比例为 72.7%；由图 4-19 可知，G 大学学生在"社会责任感"提升程度的选项中选择"很多"和"比较多"的比例则为 55.8%。两所学校学生在这一方面的提升程度都很大，但是 Z 大学学生的比例比 G 大学学生的比例多了将近 20 个百分点。由于 Z 大学在社会上拥有比 G 大学更高的声望，有着更大的社会影响力，而学生很多时候代表着学校的形象，Z 大学学生要承受社会寄予的更大期望，相应的他们感受到的责任感就更大，得到锻炼的机会就更多，在"今日我以学校为荣，明日学校以我为荣"观念指引下，Z 大学学生相较于 G 大学学生有着更强的社会责任感。

第二，在"专业知识"的提升程度这道题目上，两所学校存在着极其显著差异（P=0.000<0.001）。由图4-18可知，Z大学学生在"专业知识"的提升程度的选项中，选择"很多"和"比较多"的比例为43.4%；由图4-19可知，G大学学生在"专业知识"的提升程度的选项中选择"很多"和"比较多"的比例则仅为24.9%。Z大学学生在这方面上的比例是G大学学生的两倍。这两所学校有着这么大的差异和两所学校学科背景、教师的学术素养和水平是分不开的。相较于G大学的情况，Z大学有着门类齐全且系统的专业知识底蕴，教师的专业知识、教学经验也比G大学教师更丰富。同时，在整体上来说，Z大学学生相较于G大学学生，更加注重在学术上的追求，对专业知识的学习更加扎实，这些理由都造成了Z大学学生和G大学学生在"学术能力"上提升程度的差异。

第三，在"计算机等级"这道题目上，两所学校存在着极其显著差异（P=0.000<0.001）。由图4-17可知，Z大学学生在"计算机等级"中选择"二级以上"（包含"二级"、"三级"和"四级"，下同）的比例为73.5%，G大学学生在"计算机等级"中选择"二级以上"的比例则仅为52.9%，Z大学学生在"计算机等级"中选择"二级以上"的比例比G大学学生多出20个百分点。抽样的两个专业分别为Z大学和G大学的自动化专业和会计学专业，但是由于两所学校在招生时生源质量的不同，使得两所学校相同专业招录上来的学生有着不同的基础。Z大学会计学招生时主要招收了高中时理科专业的学生，而G大学则更多地招收了文科专业背景的学生。同时，Z大学依托着自身学校在计算机上的优势，给学生学习计算机知识提供了更好的平台，即便是文科类专业会计学的学生也有一大部分通过了国家二级测试，而G大学会计学专业的学生通过更多的是国家一级测试，这些加大了两所学校在这个项目上的差异。

第四，在"团队与协作精神"的提升程度这道题目上，两所学校存在着极其显著差异（P=0.000<0.001）。由图4-18可知，Z大学学生在"团队与协作精神"的提升程度的选项中，选择"很多"和"比较多"的比例为65.2%；由图4-19可知，G大学学生在"团队与协作精神"的提升程度的选项中选择"很多"和"比较多"的比例则仅为38.0%。Z大学学生在

"团队与协作精神"的提升程度的比例上也接近G大学的2倍。造成"团队与协作精神"的提升程度上的差异和两所学校学生"同学交往"和"师生交往"的方式有很大的关系。"团队与协作精神"很多时候是由于一起组成学习小组、一起参与课题而养成的，Z大学学生有更多组成学习小组和参与课题的平台和机会，同学们通过一起探讨学术问题加强了团队合作精神，而G大学学生由于没有养成组成学习小组的习惯，更多时候的研究都是个体行为，团队协作的意识有待加强。

第五，在"学习能力"的提升程度这道题目上，两所学校存在着显著差异（P=0.036<0.005）；在"动手能力"的提升程度这道题目上，两所学校存在着极其显著差异（P=0.000<0.001）；在"英语等级"的提升程度这道题目上，两所学校存在着极其显著差异（P=0.000<0.001）。由图4-16和图4-18可知，Z大学学生在"学习能力"的提升程度的选项中，选择"很多"和"比较多"的比例为47.9%，在"动手能力"的提升程度的选项中，选择"很多"和"比较多"的比例为59.2%，在"英语等级"的提升程度的选项中，选择"专业四级"和"业余六级"的比例为40.7%；由图4-16和图4-19可知，G大学学生在"学习能力"的提升程度的选项中选择"很多"和"比较多"的比例为41.7%，在"动手能力"的提升程度的选项中，选择"很多"和"比较多"的比例为42.7%，在"英语等级"的提升程度的选项中，选择"专业四级"和"业余六级"的比例为21.0%。这些差异主要是由于两所学校学生的基础、校园的学习氛围及两所学校的教育质量的差异造成的。

第五章 提高高校教育质量的对策与建议

第一节 湖南省大学生就读经验与教育质量

本书通过对湖南省8所高校的大学生参与大学各项有意义教育活动的状况的实证调查研究，从大学生就读经验的角度来考查湖南省高校教育教学质量。由于本书主要从大学生就读经验视角来审视和评价高等教育质量，关注点主要集中在学生个人在大学就读期间投入到各项校园活动中的程度和学校支持性校园环境之上，对于影响教育教学质量的其他可能因素进行了弱化，甚至将其排除在研究之外。同时，在选取研究样本时将管理类、医学类等学科专业的样本及各高校的研究生群体排除在外，调查研究结果只能反映本专科院校文、理、工科学生的就读经验情况，调研结果能否推广到整个高校大学生还有待进一步研究和确认。然而，本书经过统计分析发现的大学生参与教育教学活动过程中的一些问题，对于丰富大学生就读经验，改进和提高湖南省高等教育质量有一定的帮助。

一、湖南省大学生就读经验调查情况总结

本书基于实证研究发现，湖南省大学生在课堂学习、互联网的利用、人际交往三个方面的表现较好，在课外学习、课外活动上的参与不佳。多数学生对自己现在所在的学校教育基本满意，对学校的认同感较高，学生对学校

的学术氛围和人际氛围的评价较高。通过对大学教育之后个人发展的自我评价，总体上大学生对大学教育促进自身发展方面给予了积极肯定的态度。

1. 大学生发展过程情况总结

在课程学习方面，大学生普遍重课堂投入，轻课外投入，阅读和写作的参与状况也不佳。在课堂学习上，多专注于认真做笔记、完成课堂作业之类的基本学习任务，对于需要互动和反馈的课堂讨论和课堂报告则缺乏参与。在课外学习上，利用图书馆查阅资料或自习的频率不高，频繁利用互联网查阅所需信息的学生比较多。在阅读、写作和参加考试方面，大学生参加课程考试和进行自由阅读的情况较好，而阅读指定参考书、撰写论文和报告的参与状况不佳。课程考试关乎大学生能否顺利毕业及获得相应学位，积极参与其中乃为常态；自由阅读一般都是基于兴趣，兴趣是最好的老师，参与情况好也属情理之中。阅读指定参考书、撰写论文和报告没有强制要求，也不关乎未来的毕业，学生参与其中的积极性不强，12.23%的大学生甚至从没写过论文或其他书面报告。

在课外活动方面，大学生在课外活动各指标上的参与程度都偏低。从时间分配上来看，大学生投入在休闲娱乐活动上的时间较多，花在勤工俭学和体育锻炼上的时间较少。从活动内容来看，一小部分学生比较热衷于参与社团或社会组织活动，而大部分学生却很少参与其中；很多大学生并没有积极参与到各种校园文化活动中来，也没有很好地利用各种学术讲座、学术沙龙及艺术展来扩展自己的见识，没能从中吸收积极的、正面的力量；社会实践或实习的参与度不够，仅25.26%的学生参与其中的频率较高。

在人际交往方面，生生交往的参与情况比师生交往的参与情况要好得多，生生交往的大多数指标均超过理论平均值，而师生交往7个指标中仅1个指标高于理论平均值。生生交往中，来自不同专业和不同家庭背景的学生交往较多，主要热衷于讨论个人对生活、爱情的看法、兴趣爱好及职业理想，也乐于与同学合作完成课程任务，但对于分享困难、讨论专业知识及交流学习心得参与程度较低。师生交往在与课堂学习相关的问题上表现更好，老师与学生沟通和交往的主要内容是课程学习方面,交流形式主要是课堂交流,课外交往或课堂学习之外的交流不容乐观,尤其在日常生活交往、职业发展指导方面处于缺位的状态,学生参加课题研究的机会更是少之又少。

在校园环境的感知方面,约一半的大学生对目前自己所处学校的高等教育基本满意,另一半大学生则对自己所在大学的高等教育认可度不高。在学术环境方面,高校主要强调交流沟通和合作能力、职业和工作能力、学业和智力的发展,对批判分析能力、审美表达能力和创造素质的发展方面重视不够。在人际环境方面,学生和同学、任课老师、班主任/辅导员之间的关系较为融洽,表现最不融洽的是和行政管理人员及学院领导的关系。

2. 大学生发展成果情况总结

在大学生个人发展成果方面,大学生对自己在各方面发展情况的评价的平均分均大于理论平均值,可见大学生对大学教育促进自己发展方面是持肯定态度的。具体来说,大学生普遍认为经过大学教育之后,自己在"团队合作意识的发展"、"适应变化(新技术、不同工作或环境等)的能力"、"人际沟通能力"等方面取得了较大的进步,能更加深入客观地了解自己,且逐渐形成了自己的价值观和伦理标准,但在"职业知识和技能(职业准备)"、"写作能力"、"对于艺术、音乐和戏剧的理解与欣赏能力"等方面的发展程度相对较低。

3. 大学生发展过程因素对发展成果的影响分析总结

通过分析,我们发现家庭背景、学校校园环境及学生个人因素对大学生在大学教育之后的个人发展成果都存在不同程度的积极影响。学生个人参与到校园各项具有意义的活动中的程度对学生的发展成果的影响最大;校园环境的影响也不容小觑,仅次于学生个人参与程度;相比之下,家庭背景对大学生个人的发展成果的影响则小很多。

学生个人因素对大学生经过大学教育之后的发展成果的影响从大到小依次为生生交往、课程学习、师生交往、课外活动、成绩等级、学历追求、年级。其中人际交往、课程学习、课外活动与大学生个人发展成果之间存在较强的相关关系，学生与老师、同学、行政人员之间的交往越频繁越密切，在课程学习中越积极主动，在课外活动中越活跃，大学生经过大学学习之后取得的发展成果越大。可见学生个人参与程度对大学教育成果的影响之大，应受到重视。

校园环境对大学生个人发展成果的影响是较大的，校园环境越能调动学生参与的积极性，越能为学生提供各方面的支持，大学生个人的发展成果越大。具体来看，学校人际环境对大学生发展成果的影响稍大于学术环境对大学生发展成果的影响，可见良好的人际互动和人际氛围更能促进学生的发展和成长；高职高专院校和一般本科院校的校园环境对学生个人发展成果的影响比较大，"211"院校的校园环境对学生个人发展成果的影响相对要小一些，"211"院校与其他类型院校相比，无论是整体校园环境，还是其学术环境或人际环境对大学生发展成果的影响都是较小的。

家庭背景因素对大学生个人发展成果有积极影响，而且学生家庭背景越好，学生取得的发展成果越大。在家庭背景各因素中，母亲文化水平对大学生就读期间各方面的发展影响更大，而父亲文化水平和家庭经济状况对大学生发展成果的影响较小。这说明大学生在大学学习期间的发展程度在一定程度上受限于自己的家庭背景。

总体上，大学生在大学学习期间的发展成果主要取决于大学生个人的努力程度（包括学习动机、成绩等级、教学实践活动及人际交往活动的参与程度）与校园环境。因此，想要促进大学生个人的发展，提高高等教育的质量，就要从这两方面着手，努力营造一个良好的支持性的校园环境，调动学生参与各项校园活动的积极性，鼓励教师及员工与学生的积极交流和沟通。

二、研究型大学与教学型大学学生就读经验比较总结

1. Z大学相关研究结论

在教育资源方面，Z大学学生对于Z大学的教育资源整体上是比较满意

的。首先体现在对于基础设施的满意程度上，对图书馆、校园网络、校园环境的满意程度很高，其中对图书馆满意度是最高的，对食堂的不满意程度最高；其次体现在师资水平的满意程度上，在Z大学中，兼职老师上课的情况很少，1/3左右的学生认同Z大学的公选课和专业课设置合理及老师的教学水平，1/5左右的学生认可老师的教学方法和教学态度，相对而言，学生对公选课的开设不满意程度最高；最后体现在实践教学的满意程度上，从实践课程的开设和专业实习的安排情况看，Z大学近一半的学生选择"满意"，而对实习基地的安排，Z大学学生选择"满意"的比例超过了一半。

在校园活动方面，主要从课程学习、同学交往、师生交往和课外活动四个方面进行考查。首先在课程学习中，Z大学学生在"上课认真做好笔记"、"课后按时完成作业"和"去图书馆借书"三个方面参与情况比较好，在"课前预习"和"上课发言"的参与度比较低；其次在同学交往中，在"结伴一起去自习"和"探讨人生理想和未来规划"两个方面参与情况最好，在"讨论学到的知识"和"与不同专业的学生探讨学术问题"的参与度相对较低；再次在师生交往中，在"向老师请教问题"和"从老师的反馈中获得动力"两个方面参与情况最好，在"参与老师课题"、"与老师一起参与校园活动"和"与老师进行日常交流"的参与度比较低；最后在课外活动中，在"参加学术活动"和"参加社会实践"两个方面参与情况最好，"参加学生会工作"的参与度比较低。

在个人成长收获方面，Z大学学生在至少通过英语业余四级和计算机二级的比例都超过2/3。Z大学学生对于大学教育对自身能力的提升程度反映比较良好。其中，在"团队与协作精神"、"社会责任感"和"品德修养"三个方面提升程度较大，而在"英语等级"、"专业技能"和"计算机等级"三个方面提升程度比较小。

2. G大学相关研究结论

在教育资源方面，G大学学生对于G大学的教育资源整体满意程度比较低。首先在对基础设施的满意程度上，G大学学生对G大学的基础设施满意程度较低,各项指标的满意度选择"非常满意"和"比较满意"的比例均没有超过一半,其中对图书馆和校园网络的不满意程度很高;其次在师资水平方面,在 G 大学教师上课的频率中出现了比较高的兼职老师上课的频率,学生对公选课和专业课设置的满意程度只有 1/5 左右,对老师的教学方法、教学态度和教学水平认可度也都不高;最后在对实践教学的满意程度上,G 大学学生除了对专业实习的安排满意程度较高外,对实践课程的开设、实习基地的安排满意程度都较低,其中对实习基地的安排尤为不满意。

在校园活动方面,主要从课程学习、同学交往、师生交往和课外活动四个方面进行考查。首先在课程学习上 G 大学学生在"按时完成作业"的参与度最高,超过八成的学生都按时完成了作业。其他各项的参与度整体很低,其中"课前预习"、"上课发言"和"查阅期刊论文"的参与度是较低的。其次在同学交往中,在"结伴一起去自习"和"探讨人生理想和未来规划"两个方面参与情况较好,在"组成学习小组"和"与不同专业的学生探讨学术问题"上的参与度相对较低。再次在师生交往中,在"努力达到老师的期望"和"从老师的反馈中获得动力"两个方面参与情况较好,而"参与老师课题"的参与度是最低的。最后在课外活动中,在"参加社团活动"和"参加社会实践"两个方面参与情况较好,而"参与学术活动"和"参加学生会工作"的参与度较低。

在个人成长收获方面,G 大学学生在至少通过业余四级的比例达到了近 80%,而在至少通过计算机二级的比例也超过了一半。但是,G 大学学生对于大学教育对自身能力的提升程度反映一般。其中,在"社会责任感"、"品德修养"、"动手能力"和"创新能力"四个方面的提升程度比较高,而在"专业技能"、"专业知识"和"团队与协作精神"三个方面提升程度比较低。

3. Z 大学和 G 大学比较分析

(1) Z 大学与 G 大学的比较。

对两所大学的基础设施的满意度进行对比,总体来说,两所大学的学生

大学生就读经验

对自身学校的基础设施的满意度评价上有很大差异,其中两所学校的学生在"校园环境"、"自习室"、"实验室"、"食堂"、"校园网络"及"图书馆"等资源条件上的满意度存在显著差异。

对比两所学校的师资水平,整体上来说,G 大学学生在"上课提问"、"教学方法"和"教学态度"上的满意度高于 Z 大学学生,其他各项的满意度均低于 Z 大学学生。其中两所学校的学生在"公选课开设"、"教师教学水平"、"专业课开设"和"兼职老师上课"四个方面的满意度上存在明显差异。

对比两所大学的实践教学情况,整体来说,Z 大学实践教学满意度是高于 G 大学的,其中两校的学生在"专业实习安排"、"实验课程的安排"和"实习基地安排"三个方面的满意度上存在显著差异。

对比两所高校学生的课程学习情况,整体来说,Z 大学学生课程学习的参与度是高于 G 大学学生的参与度的,其中两所学校的学生在"上课认真做好笔记"、"课前做好预习工作"、"课后对课堂内容进行复习"、"查阅与专业相关的期刊论文"和"去图书馆借书"五个方面的学习情况存在显著差异。

对比两所高校学生的同学交往情况,整体来说,Z 大学学生同学交往的参与度是高于 G 大学学生的参与度的,其中两所学校的学生在"与不同专业的学生探讨学术问题"、"与同学组成学习小组"和"同学之间的交往"三个方面的参与情况存在显著差异。

对比两所高校的师生交往情况,整体来说,Z 大学和 G 大学两所学校学生的师生参与度普遍不高,但相对而言 Z 大学要好于 G 大学,其中两校的学生在"老师的反馈给予的动力"、"向老师请教问题"和"参与老师的课题"三个方面的情况存在显著差异。

对比两所高校课外活动的情况,整体来说,Z 大学和 G 大学学生的课外活动的参与度都比较高,其中两所学校的学生在"参加实习或社会实践工作"和"参与学术沙龙、论坛和讲座"两个方面的参与度上存在显著差异。

对比两所高校大学生经过大学教育各方面能力的提升程度的情况,整体来说,Z 大学的学生个人成长收获的提升程度要大于 G 大学学生个人成长收获提升的程度,其中两所学校的学生在"英语等级"、"学习能力"、"动手

第五章 提高高校教育质量的对策与建议

能力""社会责任感"、"专业知识"、"计算机等级"和"团队与协作精神"七个方面的提升程度存在着显著差异。

（2）差异的原因分析。

通过对比 Z 大学学生和 G 大学学生就读经验调查问卷的结果，我们可以看到在教育资源、校园活动和个人成长收获三个维度两所学校都存在着显著差异。整体上来说，Z 大学学生的就读经验质量要好于 G 大学学生。两所学校之间的差异是由多方面的原因共同决定的，以下主要从社会、学校和学生三个层面来分析。

从社会的层面来看，赵炬明教授提出的中国大学与高等教育中的精英主义可以较好地解释不同类型高校的社会声望及其他方面的差异。按照赵炬明教授的观点，中国高等教育系统是一个金字塔，由下而上是民办学校和成人高等学校、普通地方专科学校、普通地方本科院校、地方重点高校、近百所"211"高校、30 余所"985"大学、7 所"重中之重"的"985"大学，最后是位于塔尖的北京大学与清华大学。这个金字塔是中国高等学校管理最主要的制度环境。每个学校都清清楚楚地知道自己在金字塔中占据什么位置，而这一点又基本决定了其工作目标、工作标准、资源来源与数量、管理模式与方法及社会声望。处于不同层次的学校，哪怕是只差一个级别，都会在学校教育目标、招生、课程设置、师资、教学条件、毕业生就业与今后个人事业发展等方面表现出巨大差别。这个位置也直接影响着教师与管理人员的工作视野、价值观、工作标准、工作方式，甚至他们的社会地位。因此，不同学校里的人实际是生活在不同的世界里，有不同的思想与价值观，按不同的方式行动。这些特点构成每个学校管理的基础，是造成学校社会声誉与特权差别的基本原因。这个金字塔是一种正式制度，是由政府直接控制和维护的。政府不仅根据这个体系进行教育规划，决定各级各类学校的数量和发展水平，还根据这个体系对全国高校进行管理和指导。在某种程度上，不同层次的高校面临着发展机会与资源的制度性不平等分配[①]。Z 大学是位于我国

---

① 赵炬明.精英主义与单位制度[J].北京大学教育评论，2006（1）.

高等教育系统金字塔塔顶的30余所"985"高校之一，而G大学是介于金字塔塔中和塔底的普通地方本科院校，在我国当前的高等教育制度环境下，归属于不同类型的高校在资源和机会上的差异都会影响到两校学生的就读经验，使得Z大学学生的就读经验优于G大学学生的就读经验。

从学校的层面看，根据Shouping Hu和库恩（George D. Kuh）的学习产出模型，校园环境是影响学生学习产出的重要因素，学校应该努力建设一个能提高学习效率和促进学生参与的环境来提高学生的学习质量[①]。Z大学学生和G大学学生对自身学校的教育资源的满意程度存在的显著差异是造成两所学校学生就读经验差异在学校方面最重要的原因。研究型大学由于其在学术和社会中发挥的重要作用，除了政府的大量经费投入外，其自身通过科学研究和社会服务等获得的资源能力也非普通地方本科院校所能及。在建设高水平研究型大学的发展过程中，学校发展所需的基础教育资源条件得到了大力改善与提升，为教职员工和学生提供了一个良好的学术和文化环境。在我们的调查中，Z大学在实验室场所、实验仪器和设备、校园网络建设、电子资源数据库、图书馆藏书等校园物质资源建设上明显优于G大学，因而Z大学的学生就读经验在这些方面也好于G大学的学生。同时，研究型大学有其多样化的学科群落，不同学科群之间相互交融，构成互为条件、互相补充、繁荣共生的生态图景。研究型大学这种学科门类比较齐全的优势使学校具有很强的跨学科的研究和教学能力，能够开设出横跨人文科学、社会科学、自然科学及新型综合性学科的多样化课程，课程丰富的可选择性满足了不同学生的求知欲和发展需求。同时，研究型大学由于其学术平台和社会声望的优势，能够吸引一大批高水平的优秀师资队伍，其教师无论是在学术背景、学术研究成果还是学术思想上能够给学生带来新的想法和启迪。这些老师在指导学生进行研讨式学习、科学研究和创新活动时比教学型大学的教师更具有优势。

---

① Shouping Hu, George D. Kuh. Maximizing What Students Get Out of College: Testing a Learning Productivity Model [J]. Journal of College Student Development, 2003, 44 (2).

第五章　提高高校教育质量的对策与建议

从学生层面看，根据阿斯汀的学生参与理论，学生学习的过程就是学生参与的过程，学生在有意义的活动上花的时间越多、付出的努力和精力越多，学生的收获就会越大①。通过对 Z 大学和 G 大学就读经验的调查，我们可以看出中国学生的独立意识较差，过多依赖学校、老师和家长，在学习上面表现得比较被动②。两所学校在学生就读经验上的差异基于学生层面的原因可能出于以下几个方面：一是生源质量的差异。在高等教育大众化规模扩张的同时，高校的分层分类也造成不同类型高校吸收不同质量的生源。毫无疑问，研究型大学招收的往往是全国范围内高质量的优秀生源，这些学生在高中时期学习成绩较好，学习习惯也普遍好于同年龄段的同学，这些学习习惯在良好的学习环境下能够延续并表现为好的学习行为。二是学校对学生的学术要求和期待。研究型大学为了培养优秀人才，对学生的学术要求更高，除了为学生提供各种学术活动外，老师更为提倡团队合作，鼓励同学参与课题和自己立项进行科学研究，这就使得一些有着相同学科背景的人进行合作，也使得一些为了同一研究目的不同学科背景的人也进行合作，大家交流讨论，成立学习小组一起探讨学术问题。三是学生的自我发展期待。研究型大学的学生相较于教学型大学的学生，学术上一般会有更高的学术追求，尤其我们调研的对象是大四的学生，在即将进入毕业季对人生发展方面要做出重大选择的时候，这种追求会转化为实际的行动和努力。因而，Z 大学学生相较于 G 大学学生对学术追求的参与度更高，对继续深造的渴望更直接，同时学校氛围的影响也使得他们养成去图书馆的习惯，很多学生也参与到老师的课题研究中，对借阅书籍、期刊、论文的需求更迫切，对专业发展的动态更加关注。

---

① Astin A. W. Student Involvement: A Developmental Theory for Higher Education [J]. Journal of College Student Development, 1999, 40 (5).

② 李冰梅，格兰德·克尔夫人. 中美大学学生学习观念比较与启示 [J]. 比较教育研究, 2003 (7).

第二节　增进大学生就读经验，提高高等教育质量

一、教育思想的转变："以学生为中心"

"以学生为中心"是对传统教学体系构建的"传授范式"下以课堂为中心、以教材为中心、以教师为中心理念的超越。17世纪夸美纽斯提出的班级授课制和18世纪赫尔巴特的教学法奠定了传统教学体系的根基，发展到20世纪，大学已经形成了一套精细并相对固化的教学体系。在这种教学体系下，大学的使命在于让教师把知识传授给学生。大学的角色是提供一系列的课程以保持高质量的教学，促使教师致力于在自己的领域知识更新。一旦有新的知识或相关需要，大学就会设立新的课程①。然而，这种传统的教学体系随着新的心理学和教育学理论的发展及社会发展环境的变化和新兴技术发展，遭遇到一系列挑战。

在理论研究层面，皮亚杰提出的建构主义理论对教育教学产生了深刻的影响。皮亚杰认为，儿童认知形成的过程是：先出现凭直觉产生的概念，这些原始概念构成思维的基础，在此基础上经过加工形成新概念，建构新结构，这种过程不断进行，构成儿童认知发展的不同阶段。从认知发展的机制上来看，认知发展涉及图式、同化、顺应和平衡四个方面②。儿童就是不断地通过同化与顺应过程，达到认知数量与认知结构的不断扩充和改变，逐步达成自身与客观环境的平衡。这种建构主义理论强调个体的观念、意识和文化在认知结构的建构过程有着十分重要的作用。在建构主义的基础上形成的学习理论认为，知识不是通过老师传授获得的，而是学习者在一定的情境下，借助教师和学习同伴的帮助，利用必要的学习资料，通过意义建构的方

---

① 罗伯特·B. 巴尔，约翰·塔格. 从"教"到"学"的转变 [J]. 院校决策参考，2012（4）.
② 周光礼，黄容霞. 教学改革如何制度化 [J]. 高等工程教育研究，2013（5）.

式而获得的。学生不再是外部刺激的被动接受者,而是知识的主动建构者,教师的作用在于积极创造各种环境和条件帮助学生主动对所学知识意义进行探索、发现和建构。建构主义理论为"以学生为中心"思想奠定了坚实的基石。

1952年美国著名心理学家卡尔·罗杰斯在哈佛大学教育学院举办的一次主题为"课堂教学如何影响人的行为"的学术研讨会上第一次提出"以学生为中心"的观点。罗杰斯认为,对学生而言,教学过程的重心是"学会学习"。任何知识都不是完全可靠的,唯有探索知识的过程才是安全的;对于教学促进者而言,其工作在于帮助学生明确他们想要学习什么,帮助学生安排合适的学习活动和材料,帮助学生发现他们所学内容的个人意义等;对于学习评价而言,它是学习活动的有机组成部分,是保证学习活动、学习目标被团体接受的过程。教师如果能够强化和促进这一过程,学生的学习就是有收获的,而且最有权力评价学习效果的人当然是学生自己①。罗杰斯主张让学生自己确定评价标准和所要达到的学习目标,通过自我评价来衡量自己进步的程度,由此让学生成为自我负责的学习者。这一思想对国际高等教育产生了深远的影响。1998年联合国教科文组织在巴黎召开的"世界高等教育大会"上,提出"在当今日新月异的世界,高等教育显然需要'以学生为中心'的新视角和新模式"。在其通过的大会宣言中要求各个国家和高等学校的决策者"把学生及其需要作为关心的重点;把学生视为教育改革主要的和负责的参与者,包括参与教育重大问题讨论、评估、课程及其内容改革,制定政策与院校管理等②",并预言"以学生为中心"的理念必将对21世纪整个世界的高等教育产生深远的影响。

"以学生为中心"的理念契合了20世纪美国教育问题的把脉问症,20世纪50年代美国开始反思本国教育之过失。1958年的《国防教育法》及1983年的《国家处在危机中:教育改革势在必行》的报告通过对美国教育

---

① 满晶,马欣川.罗杰斯"以学生为中心"的教学思想述评[J].外国教育研究,1993(3).
② 李嘉曾."以学生为中心"教育理念的理论意义与实践启示[J].中国大学教学,2008(4).

现存问题的剖析，一方面拨出大笔款项资助各级各类学校与科学技术相关学科的发展，另一方面引导了近几十年来的美国本科教育改革，重建学习体系，重心放在了如何提高教育质量上。20世纪80年代以后，卡内基教育促进基金会主席博耶推出了著名的《美国大学教育：现状、经验、问题与对策》的报告，报告指出，美国大多数的教授热衷于采用讲授的方法，学生只是被动地接受教师传递的信息，这是美国大学教育最不可取的地方①。在随后博耶推出的一系列对美国本科教育具有重要影响的报告中，明确提出美国大学必须加强本科教学，把学校办成"以学生为中心"的大学，最大限度地提高学生的智力和创造能力。

"以学生为中心"的理念对我国现今的本科教育教学亦具有重要的战略转型意义。刘献君教授在担任我国高校本科教学工作评估专家到几十所高校参加评估中，对课堂教学听课观察后最深的感受是"学生眼睛不亮②"。"学生眼镜不亮"的背后折射的是我国本科教育教学中学生学习状况和学习质量的问题。当前我国大学教学活动的主体依然是教师而不是学生。教师根据学生知识水平设计教学目标，进行教育教学，操纵着整个教学活动。教师在教学时间的分配上居于绝对优势，在课堂上一些教师的教学内容主要是对教材课本的复述和例解，因而教师的授课变成了"授书"，缺少了对学生的新知引导和创新激发。尤其是在知识更新速度以几何倍数发展、信息技术的高度发展使学习的方式和可选择自由度发生了巨大改变的背景下，教师的传统授课方式依然故我，知识权威的角色未能发生根本改变，因而课堂教学的教学效果和人才培养的质量未尽如人意。麦可思的一项调查显示，70%的学生认为教师的讲课不吸引人，上课单调③。在我们对湖南省大学生就读经验的调查中，大学生课堂学习的主动性欠缺也反映了传统教育教学的问题。而《国家中长期教育改革和发展规划纲要（2010~2020年）》明确指出，提高教育质量是未来10年内中国教育发展的基本目标之一，学习教育工作的根

---

① 欧内斯特·博耶. 美国大学教育：现状、经验、问题与对策 [M]. 上海：复旦大学出版社，1988.
②③ 刘献君. 论"以学生为中心"[J]. 高等教育研究，2012（8）.

本是培育人才，学校一切工作的出发点和落脚点应是促进学生的健康成长。在这样的现实背景下，确立"以学生为中心"的理念，不仅将为我国本科教育教学改革提供一条新的发展路径，也将在教学具体情境中为教师建构一种新的角色认同，为学生的学习提供一种新的学习范式，从而真正提高学生的学习质量，使学生在知识、能力和素质上获得全面提升。

二、质量评价的转型：重视学生个人发展

人们的关注点决定了人们的视野范围，影响具体的行动和最终行动结果。关注点不一样，结果就不一样。就高等教育质量评估来说，因为可以用来反映高等教育质量的因素很多，且各因素在不同时期对高等教育质量的影响参差不齐，所以选择合适的因素来评估大学的教育质量便成为了关键。

美国学者弗雷泽认为，高等教育的质量首先是指学生的发展质量，即学生在整个学习历程中所学的"东西"（所知、所能做的及其态度）。学生在认知、技能、态度等方面的收益是衡量高等教育质量的核心标准[①]。过去传统的高等教育质量评估的关注点主要是在教育外围因素和教育结果上，如重视大学声誉、排名，关注大学教育资源、基础设施条件、师生比，注重学生最终学习成绩及掌握的实际科研成果等。例如，我国由教育部启动的本科教学工作水平评估重点考查大学办学指导思想、师资队伍、教学条件与利用、专业建设及教学改革、教学管理、学风、教学效果七大板块，其主要目的在于进一步加强国家对高校教学工作的宏观调控和指导，促使各级教育主管部门重视和扶持高校教学工作，并激励高校努力改善办学条件，提高办学效益。可以看到，本科教学工作水平评估是一种综合评估，试图从全局上把握被评估高校的整体办学水平，这种评估有助于政府和教育主管部门合理调配教育资源，也有助于高校加速软硬件建设。但是，这样一种以外围因素和结果为导向的评估方式，使得大学管理者在面临高等教育大众化过程中的问题时手足无措，通过改善教育外围因素和教育结果来解决问题的举措徒劳无

---

① 陈玉琨．高等教育质量保障体系概论［M］．北京：北京师范大学出版社，2004．

功，对于提高高等教育质量效果不大。继本科教学工作水平评估之后，国家实施了"高等学校本科教学质量与教学改革工程"（简称"质量工程"），从2012年起，全国"985"工程、"211"工程大学，乃至各公办高校均需向社会公布年度本科教学质量报告，自此开启了高校自我评估的内部质量保障模式。《本科教学质量报告》虽然是教育部推进高校自我评估的一项重要举措，但仍以资源声誉观为主导，对学生成长和发展并无直接影响，并不能反映出教育教学的实际效果。

这引发了部分学者的关注和反思，研究发现传统的高等教育评估方式并没有把握真正反映教育质量的关键因素，关注点没有放到学生的实际发展状况上来，高等教育质量危机随之而来。潘懋元先生指出，"长期以来人们忽视了对作为教育主体的大学生学习的研究，忽视了从教学的本源上去解决质量问题①"。人们对于高等教育提高大学生学业成就的期盼与高等教育现状之间的张力，使得研究者们开始关注大学生发展的整个过程，探索大学生学习经验，逐渐形成了以学生学习的内部过程和个人发展程度来评估高等教育质量的新方式。学习是一个动态的、多维度的社会活动，最终的学业成就测试，只能表明学生的学习收获是什么，却无法揭示是如何学的，以及大学是如何影响学生的。通过大学生的学习性过程指标可以让大学了解到它所提供的学习动机和活动是否充分，以及学生是否有效地使用了这些教育资源。这样一种评价方式触及了影响教育质量的核心因素，把学生发展质量作为高等教育质量的客观载体和最终体现，通过对学生日常学习经验的测量，可以了解学生这一群体微观的活动和作用机制，总体上具有较为可信的评估效果。因此，提高高等教育质量、合理评估高等教育需要我们将关注点从教育外围条件和教育结果转移到影响教育质量的核心因素——学生发展质量上来，从学生的学习经验出发，对学生就读经验进行评价，重视学生在大学教育过程中的个人发展。

与之相适应的是，这种关注学生日常学习经验、对学生的成长收获进行

---

① 潘懋元.《学习风格与大学生自主学习》书评 [J]. 西安交通大学学报（社会科学版），2004 (4).

第五章　提高高校教育质量的对策与建议

测量的教育质量评价方式关涉评估的最终指向。诊断问题局限所在并促使改进计划的实施应是教育质量评估最基本最核心的目的和功能，正如美国著名教育评估研究专家斯塔弗尔比姆（L. D. Stufflebeam）所说："评估最重要的目的不是证明，而是改进①。"评估本身不是目的，而是一种推动大学实施质量改进的手段。目前，我国业已实施的高校教学工作水平评估将高校评定为优秀、良好、合格、不合格四个等级，这四个等级并没有指示出具体环节存在的问题，在我国高校从政府获得的高等教育资源投入与评估结果密切相关的背景下，这种评估结果更多地会落在政府对高校办学质量的监管上，而非高校自身教育教学质量的具体诊断和改进上，与该评估表述的目的"以评促建、以评促改、以评促管，评建结合，重在建设"存在一定的偏差。而《本科教学质量报告》是应教育部的要求而编写的，其目的是回应政府和社会的问责。在目前由政府主要掌控资源的制度环境下，如何"让政府满意、让社会放心而避免惩罚"是高校非常重视的。因此，高校会尽量展示本科教学最美好、最突出的方面，巧妙隐瞒不利信息，至于报告中"存在的主要问题及努力方向"则不是重点内容②。

此外，社会上流行的一些大学排行榜按照一定的评价指标体系将众多高校进行孰先孰后的名次排列，其实质只是向外界展示这所学校在同类院校中的档次如何，而非指明学校实际存在的问题和需改进的方面在哪里。这类评价方式显然并未实现诊断改进功能，对于保障和提升教育质量没有明显作用③。而从学生的学习经验出发，对学生就读经验进行评价从而评估教育质量，其最主要的目标指向是帮助参与院校分析判断自身在课程设置、学术活动规划、教学实施、学生服务等教育教学环节存在的具体问题，并运用这些评价结果实施质量改进，把评价结果和参与评价院校的教育教学质量提高紧密联系起来，从而让大学政策制定者可以做出具有针对性的有效决策，以完

---

① 喻恺，吴雪. 学生体验：英国高等教育质量保障体系的新内容 [J]. 中国高教研究，2009 (5).
② 白逸仙. 走向"以学生为中心"的评估模式 [J]. 中国高教研究，2014 (11).
③ 黄美娟. 美国"全国大学生学习性投入调查（NSSE）"研究 [D]. 上海：上海师范大学硕士学位论文，2014.

善和提高该校学生的学习过程和效果。

三、深化教学改革，注重学生学习的自主性和积极性

通过课堂教学来实现的教育教学活动是直接接触和影响学生的活动，只有在学生的课堂学习和老师的教学实践中真正融入和落实教育改革的政策目标和制度措施，才能在真正意义上促进学生成长，真正缩小教学实际与教育教学改革的预期，达到理想效果。我国教育改革虽然已进行多年，但从本次调查研究所反映的湖南省各高校的教学情况来看，情况并不乐观，表现为大学生在课堂学习中处于被动状态，多专注于认真做笔记、完成课堂作业之类的基本学习任务，很少在课堂讨论中主动表达自己的观点或者提出疑问，更别提在课堂上做口头报告了。这种情况的出现说明课程和课堂教学只关注学生的最终学习表现，缺乏对学生学习过程参与的重视，教学目标、教学组织和方法也不能调动学生学习的主动性和积极性。这种状况和我国传统的课堂教学文化密不可分。邦德与哈里斯在对中国的教师、学生及教学进行研究后指出："在中国的传统文化中，教师是一个崇高的职业，得到与父母同样的尊重。学生们面对教师时就像面对严厉的父母，只能集中注意力、保持沉默并充满敬畏，但他们绝对不能质疑教师或者挑战他们的论断。纪律问题在中国的课堂中很少出现，教师们无须担心有什么破坏行为[①]。"在这种权威型的课堂文化中，大学教师是知识的权威，学生们只是一些顺从的知识接受者，前者负责教授，而后者只是负责听。学生们就像是空白的白纸，而教师的工作就是在上面画满知识的符号。在这样的课堂文化中，学生的自主性与创造性被剥夺，课堂教学成为一种单向的、死板的、缺乏生机与活力的教育形式。从"以学生为中心"的理念出发，教师应该引导学生逐步在学习过程中找到自身需要与知识技能的结合点，掌握学习策略，成为有自主学习能力的终身学习者。因此，教育教学改革必须从根本上变革教育理念和教育目

---

① Bond Harris M. Beyond the Chinese face: Insights from Psychology [M]. Hong Kong: Oxford University Press, 1991.

标,随之教学知识体系、教学设计、教师授课技能、课堂文化及师生互动方式也要进行变革,从而将学生自主学习和深度学习的潜能发挥出来。

现代学习观念的核心问题是要求大学生必须"学会学习",这既是现代世界教育的一个宗旨也是大学生要掌握的基本能力,"学会学习"能提高学生自觉能力、调动学生学习的积极性和使学生主动掌握学习方法①。高等教育质量的提高不光是要提高各种硬性基础的条件,也需要大学生自己转变自己的学习观念,变被动式的填鸭式学习为主动式自主学习。安德鲁·怀特曾经告诉康奈尔大学的新生,他们不是到学校接受教育,而是来进行自我教育。如果没有学生自己的开创和努力,大学所能提供的教育将不会比饭店提供的饮食和旅游公司安排的度假更有效用②。大学时期的学习不像高中时期的学习,老师更多是点到为止的教学模式,只有主动的学习模式才能让大学生感受更多,学到更多,学会自己去发现问题和解决问题,学会思考。很多时候大学教育教会我们的不是知识而是思维模式,只有主动学习,学会思考的大学毕业生才能更好地适应社会,才能从根本上提高学生个体的素质和质量。

首先,教学目标应体现学生的学习发展需求。人才培养目标是高校实现人才培养的指导性的纲领文件。在人才培养目标的制定和修改的过程中,应提供学生机会与管理者、教师共同参与目标建构。在宏观层面上,高校应根据社会发展需求及本校定位,明确人才培养指导思想,让学生有机会参与制定和修改人才培养的总体目标,实现学生"知识、能力、素质"的协调发展;在中观层面上,各学院应根据学校制定的人才培养总目标及行业发展状况制定各专业的人才培养目标,在对本科生毕业时应达到的知识、能力、素质要求的具体工作中纳入学生观点,并在培养方案中得以反映;在微观层面上,教师要根据校级人才培养目标和专业人才培养目标及学生的特点与学生共同建构课程学习目标。学校、专业、课程目标体系的构建都应通过学生的

---

① 徐同文. 现代大学经营之道 [M]. 北京:人民教育出版社,2006.
② 弗兰克·罗德斯. 创造未来:美国大学的作用 [M]. 北京:清华大学出版社,2007.

大学生就读经验

积极参与并对学生完整呈现,以使学生的学习成为"知情学习①"。

其次,教学设计与教学活动应激发学生主动参与的积极性。博耶认为,大学教育意味着学生积极主动地学习和有条理地探索研究,以发展自己独立思考和运用知识的能力。他引用阿德勒的话说,"所有真正的学习是主动的而不是被动的。学生要用脑子去思考,而不仅仅是记忆。学习是一个发现的过程,在这个过程中主体是学生而不是教师②。"已有的大量研究发现,主动学习是本科教育中有效教学的重要途径。主动学习既强调大学生对自己学习过程的自主性和选择性,也强调外力的作用,如大学教师等指导者的介入及大学生对周围学习资源的充分开发和使用,它并不排斥大学教师在课堂中的作用,相反,它强调教师应发展一种能够促进大学生学习自主性的新型角色。这种新型角色的教师应在学生学习的过程中主要提供两个方面的帮助:一种是技术层面上,教师是一个引导者和促进者,知道何时何地及怎样帮助学生进行学习决策、执行决策、评价学习成果;另一种是心理层面上,教师是一个激励者和抚慰者,其角色就是鼓励学生形成学习的自主性,在学生迷茫时为其指明方向,在学生沮丧时助其重建自信,在学生遇到障碍时给予坚定的支持。因此,教师应当有意识地在课堂上(特别是在大班上课时)为学生提供更多主动学习的活动机会,使学生积极主动思考,从而提高学生课程学习的投入程度和有效性。

再次,课程建设和内容选择应注重提升学生自主学习的能力。课程是教育教学活动的基本依据,是学校人才培养基本职能实现的载体。在"以学生为中心"的理念指导下,传统大学课程围绕保存、传授与高深学问设计与实施的模式必然会发生相应的改变。博克认为大学本科作为学生成长的关键时期,应养成一些极为重要的素质,为此本科教育应着力培养学生的表达能力、批判思维能力、道德推理能力、公民意识、适应多元文化的素养、全

---

① 杨彩霞,邹晓东. 以学生为中心的高校教学质量保障:理念建构与改进策略 [J]. 教育发展研究, 2015 (3).

② 欧内斯特·博耶. 美国大学教育——现状·经验·问题与对策 [M]. 上海:复旦大学出版社, 1988.

第五章 提高高校教育质量的对策与建议

球化素养、广泛的兴趣、为就业作准备等①。因而博克在课程建设上更关注学生全面素质的提升，关注学生终身发展能力的培养，而非单纯依据高深学问发展的逻辑进行的知识传授。基于这样的认识，课程目标要着眼于学生的全面发展，注重发展学生的个性，培养学生自主学习、独立生活、驾驭社会的综合素质。在信息化社会知识更新如此快捷的背景下，大学四年的课程学习只是学生的一段人生经历，四年所学的知识已无法满足学生一生发展的需要，课程教学若不能培养学生自主学习的能力则难以适应社会不断变革发展的需要。这种自主学习能力包括学生反思学习过程的能力和必要时改变学习过程的能力，具体表现为保持自己对所思考的问题的理解、协调自己的注意力、组织可以利用的学习资源、对自己学习任务的进展进行适时的回顾②。与之相适应，课程结构要根据学生学习的目的进行合理编排和设计，既顺应学生身心发展的阶段性特征，又兼顾知识发展的内在逻辑关联，使学生思维能力和知识的积累呈现正向的循序渐进的发展过程。另外，教师适当地提高课程学习的要求，增加课程学习的难度，给学生以具有一定挑战性的学术要求，在一定程度上有利于学生更主动地投入到学习中来。

最后，教学模式应不断丰富学生的学术体验。日本学者金子元久认为："大学教育与中小学教育的不同之处在于，学生所学的并不是那些为了便于学习而被系统化了的知识，而是和那些直接与自然、社会、人的状态相对峙的学问打交道的方法。因此，有一种观点认为，大学教育并不是要教授那些已经知道了答案的问题的解决方法，而是有必要针对未知的问题，开阔视野，使学生领会探究问题的态度③。"要达成这种探究取向，在保障课堂学习的同时，应鼓励学生在课外进行学习和参与科学研究，促进学生在课堂外的自主学习。让学生广泛参与大学的科研活动，让学生在浓郁的学术研究氛围中获得学术体验，这是大学能够给学生提供的最好的知识。国际上有关本

---

① 菲利普·G. 阿特巴赫等. 为美国高等教育辩护 [M]. 别敦荣等译. 青岛：中国海洋大学出版社, 2007.
② 王一军. 大学课程：发展学生"个人知识"的必要和可能 [J]. 高等教育研究, 2011 (4).
③ 金子元久. 大学教育力 [M]. 徐国兴等译. 上海：华东师范大学出版社, 2009.

科生学习方式的大量研究都已经证明,"大学生所采用的学习方式的类型,会强烈地影响学生的学习结果和整体发展"。具体来说,"采用深度学习方式的学生(如探究、讨论、发现等方式)要比采用浅层学习方式(如听讲、记笔记、埋头苦学而不进行深度反思等方式)的学生,更有可能获得整体思维能力、学术能力和学习成绩的成功①"。美国国家研究协会在其 2000 年出版的名著《人是如何学习的》也一针见血地指出:"当学生积极活跃地投入学习的过程(如讨论、质疑、小组合作、批判等),而不是被动地坐在一边听讲时,他们更有可能避免死记硬背而走向更高层次的理解和更多的整体发展②。"大学教学要明确学生学术体验计划,充分利用大学的日常生活和师生间密切交往的机会,引导学生主动体验大学学术生活,在教学模式中增加双向互动和课后反馈,促进他们提高探究兴趣、强化合作意识、领略科研魅力,从而提高学生参与到学习过程中的主动性和积极性。

四、重视同辈群体之间的交往,促进学生健康发展

同辈群体在大学中普遍存在,是一种自发结成的非正式的初级社会群体,他们在某些方面的特征表现出相似性,如年龄、家庭背景、兴趣爱好、态度、价值观等。由于同辈群体之间交往频繁,交往的内容也非常广泛,彼此之间有着不容忽视的重大影响。从已有的大量关于大学生发展的研究来看,研究结果都表明大学生同辈群体之间的交流和互动对学生学习的参与度和学生个人的发展都存在着积极的影响作用。1986 年,哈佛大学教授理查德·莱特受时任校长德里克·博克的委托,组织了代表美国 25 所大学的一支 65 人的研究队伍,评估哈佛及其他各类学校对本科学生成长发展的影响。他们在与学生访谈的过程中反复询问的一个关键问题是:学生在课内或课外的何种状况下学习效果为最佳?经过 10 多年的努力,莱特的研究成果表明,大学时代广泛接触来自各种宗教和种族背景的同学并学会在一个多元化的环

---

① 吕林海,龚放. 大学学习方法研究:缘起、观点及发展趋势 [J]. 高等教育研究, 2012 (2).
② 弗兰克·纽曼等. 高等教育的未来:浮言、现实与市场风险 [M]. 李沁译. 北京:北京大学出版社, 2012.

第五章 提高高校教育质量的对策与建议

境里生存，是大学生在大学时代所有经验中感到最吃力同时又是收益最大的体验①。可见，大学生同伴群体的交往意义重大。

本书通过对湖南省高校大学生就读经验的调查研究发现，湖南省高校大学生之间的交往频繁，关系较为融洽，交往的内容涉及课程学习、个人兴趣爱好、职业理想、生活观、爱情观、价值观、生活中遇到的困难等方面，而且学生之间的交往对大学生接受大学教育之后的发展的影响很大，超过课堂学习、课外活动及师生交往对大学生发展的影响。因此，高校应该重视同伴文化的影响力，为大学生同辈群体之间交往构建一个良好的互动平台，以促进不同群体学生之间生活经验和社会信息的流通，让各种积极的生活目标和价值观在学生交往过程中自然地碰撞、感染、相互影响，促进大学生身心的健康发展。

合作学习是一种以合作精神为基本出发点、以社会互动为基本关系、以人际交往为基本方式的一种教育形式②。合作学习，不仅有利于培养学生的团队合作精神，而且通过团队互助，还能达到相互提高学习成绩的目的。研究表明，与传统个体化学习方式相比，合作学习能明显促进学生获得深层次信息和高水平思维能力③。借助合作学习中的社会互动，可以彼此促进社会化；通过讨论与保留、互相欣赏学习成果、互相激励与成功，可以增进友谊；交流学习成果、互相增进知识，还能学会社会交往，改善人际关系。在我们上述研究中，湖南省大学生之间的交往在课堂或书本知识的讨论及学习心得体会的交流方面不如其他方面理想，因而在合作学习方面还有待进一步加强与提高。这一方面与我国长期的应试教育与升学压力下过度强调分数、竞争造成的学生合作意识淡漠、合作精神欠缺有关，另一方面也与教师在大

---

① 程星. 细读美国大学 [M]. 北京：商务印书馆，2006.
② 林众等. 自主学习合作学习探究学习的实质及其关系 [J]. 北京师范大学学报（社会科学版），2011（6）.
③ Mitchell M. G., Montgomery H., Holder M., Smart D. Group Investigation as a Cooperative Learning Strategy: An Integrated as a Cooperative Learning Strategy: An Intergrated Analysis of the Literature [J]. The Alberta Journal of Education Research, 2008, 54 (4).

大学生就读经验

学生合作学习中的指导作用未能有效发挥不无关系。因此,在大学教育教学改革中,可将大学生合作学习情况纳入学生的日常学习的考核和考查中,鼓励学生在学习过程中互相帮助、互相促进、互相关心进而共同提高学习成绩。在信息化时代背景下,可以有效利用网络技术,如通过论坛、群邮、即时性聊天工具、手机应用软件等进行交互式合作学习与沟通,突破时间与空间的局限,搭建更有效、更便捷、更有利于参与的合作平台。在学生的合作学习中应鼓励、提倡和促进发挥教师的指导、管理和咨询的作用[1]。教师应积极、适时地创造机会组织学生进行合作学习,并为学生的合作学习提供一个融洽、和谐的氛围。在学生进行合作学习时,教师应注意合作群体的异质性和平等参与,如教师在把参与合作学习的学生进行分组时,应做到客观、公平、合理,根据学生的年龄构成、性别特征、兴趣爱好、专业方向等各方面的因素,合理分组,提高学生参与的积极性。同时,在学生进行讨论时,教师要善于观察讨论学生所运用的合作技能及学生表现,为其提供好的合作建议,对合作学习中表现不积极的同学进行诱导与鼓励。

实证研究证明学生课外活动的丰富程度与同辈交流有着很高的相关性,课余活动是学生在大学期间人际互动关系的一种较为正式的实现形式,它的一部分作用来源于同伴文化的影响力[2]。在我们的调查中,湖南省大学生课外活动参与性并不高。而大学生社团是学生参与课外活动的一种重要形式。大学生社团作为高校中的一种非正式群体,它不是官方组织正式设立的,是自发形成的。虽然没有正式群体的组织机构完善,社员的权利、义务也不如正式群体明确,但是它活动的内容丰富广泛,组织成员交往频繁。它是在校大学生根据自己的兴趣和爱好自发组织起来的,以丰富课余生活、增长知识、陶冶情操为目的,进行自我管理、自我教育、自我服务的群众性团体,具有很强的凝聚力。为了加强大学生社团的参与性和社团为学生的服务作用,高校应立于学生发展的高度,在充分发挥学生社团成员的主观能动性,

---

[1] 高向斌. 我国合作学习理论研究的问题与方法 [J]. 天津师范大学学报(社会科学版),2005 (4).
[2] Pascarella E. T., Terenzini P. T. How College Affects Student: Findings and Insights from Twenty Years of Research [M]. San Francisco: Jossey-Bass Publishers, 1991.

尊重学生社团组织的自主管理权力的基础上，给予积极引导和合理资源的支持。尤为重要的是，在发展理念上大学生社团不是为活动而开展活动，它应是大学全面育人的一个有机整体，它和大学生课堂学习构成了学生同辈交往、素质提升和能力发展的一体两面，因此，大学生社团的活动如何和课堂学习以恰当的形式有效整合是当前我国大学生社团建设中应考虑的问题。

五、注重师生之间良好关系的建立

涂尔干曾指出："教师是社会的代理人，是文化传递的关键环节，而且创造一种社会的、道德的存在也是他的使命，通过教师，社会创造出想象中的人"，"学生们更容易记住的是某一位优秀的教师，而不是他当时课堂上讲授的内容①。"由此可看出教师对于正处在价值观、世界观、认识观形成关键期的大学生的重要性。雅斯贝尔斯在《大学的理念》提到"学生在大学里不仅要学习知识，而且要从教师的教学中学习研究事物的态度，培养影响其一生的科学思维方式②"。成功的教学不仅需要有好的想法和长时间的准备，还需要教师有丰富的经验、班级管理和激发学生的学习动机的本领③。师生交往是完成大学任务不可或缺的途径，师生之间通过平等和坦诚的交往来激发双方的最大潜能，形成一种精神战斗局面并从中完成各自思想的进步④。学校的教育教学活动主要是通过教师和学生这两个基本要素之间的相互交往来实现的，通过长期的彼此共同体验，师生之间的知识和思想、情感及行为等相互影响。从这个层面来讲，教育的本质就是人与人的沟通和交流，教育的过程就是生命影响生命的过程。师生之间的交往直接影响着教育活动的开展，并最终影响教育教学效果，影响学生的全面发展。

本次调查研究发现，湖南省大学生师生之间的交往或互动比较欠缺，交往的形式和渠道比较单一，主要局限于与课堂学习相关的交流和沟通，课外

---

① 涂尔干. 道德教育 [M]. 陈光金等译. 上海：上海人民出版社，2001.
② Karl Jaspers. The Idea of University [M]. London: Peter Owen Ltd., 1965.
③ 弗兰克·H. T. 罗德斯. 创造未来：美国大学的作用 [M]. 北京：清华大学出版社，2007.
④ 唐佩. 雅斯贝尔斯的大学理念及其启示 [J]. 高等教育研究，2008 (1).

大学生就读经验

交往和互动很不乐观，日常生活交往和职业发展指导方面处于缺位状态，参加老师课题研究的机会也是少之又少。这种师生交往的频次和质量都不高的现象也得到国外实证数据的佐证。特伦兹尼与赖特（Terenzini P. and Wright T.）对大学生大学四年内学业发展的影响因素进行了研究，其结果表明，大学生一年当中因为学习因素与大学教师联系的频率为平均5~7次/年，因为非学习因素与大学教师联系的频率为平均2次/年[①]。福萨尼（Fusani D.）的研究指出，23%的大学生表示他们在课堂之外几乎不与大学教师联系；而50%的大学生表示他们的频率是每年不超过3次[②]。师生交往的这种状况是由多种因素引起的。从学生的角度来看，教师在交往中表现的态度和意愿在很大程度上影响着他们是否采取交往的行动。大多数学生还意识不到与教师进行互动对他们有何益处。他们选择不与教师接触和联系，是因为他们不确定大学教师是否会对他们提出的问题感兴趣，或者是否会接受他们的观点，尽管他们希望得到来自教师的积极的鼓励，以获得与教师交往的动力。从教师的角度来看，当现代大学越来越走向社会的中心，社会的问责越来越严格，大学教师承担的工作任务越来越繁重，各种角色之间牵涉越来越多的投入和精力时，对部分教师而言，与大学生的交流与互动在某种程度上意味着大学教师要付出课堂之外的时间，或者将时间与精力花费在与学术无关的事务上。在布雷斯顿等（Braxton J. M., Eimers M. T., Bayer A. E.）的研究中，大学教师倾向于认为自己的角色是确保大学生的认知发展和学习成就，认为自己是学科专家，而认为将自己看作是学生情感的激励者和养育者、学生的发展顾问则是没有必要的[③]。

然而，研究结果却表明师生之间的交往对于学生的个人发展方面具有不容忽视的积极影响，二者存在较强的相关关系。哈佛大学前校长博克曾指

---

① Terenzini P., Wright T. Influences on Students' Academic Growth during Four Years of College [J]. Research in Higher Education, 1987, 26 (2).

② Fusani D. "Extra-class" Communication: Frequency, Immediacy, Self-disclosure, and Satisfaction in Student-faculty Interaction Outside the Classroom [J]. Journal of Applied Communication Research, 1994 (22).

③ 薛邵聪. 大学主体间文化的缺失与构建 [D]. 济南：山东师范大学博士学位论文，2012.

出：大学教育的核心事务是"教育目标"与"教育方法","真正影响教育品质的事发生在大学课堂,师生互动的教学情景中①。"这说明,学生和老师之间的交往越频繁越密切,他们之间的关系越融洽,大学生经过大学教育之后的收获越大,发展也越好。可见,师生关系的亲密程度是影响大学生发展的一个重要因素。因此,各高校应该为师生之间的平等交往提供一个便捷、多样的平台,鼓励师生之间的自由沟通和交流,通过在课程学习、课外活动中增加师生交往互动的机会,扩大老师对学生的多方面的积极影响,建立融洽的师生关系,使老师和学生都能从相互交往中获得自我肯定和心理满足,并最终对高等教育质量的提高产生积极影响。

布拉德利(Bradley E.)曾将大学教师与大学生互动的内容和水平大致分为五个类型：没有接触、偶然的互动、实质性的互动、个人交往及顾问式互动②。这五种互动之间并不是互相孤立的,而是形成了一个互动形式发展的连续体。根据我们调查研究的数据,目前大学生的师生交往更多地停留在偶然的互动和实质性的互动层次,即大学教师与大学生之间偶然的、无意的交流和接触,以及在这个基础上,师生之间有实质性交流内容的互动,这种互动往往直接或间接地与课程或者学业有关,如大学生向大学教师咨询学术性的问题、参与到大学教师的科学研究工作中,或者大学教师向大学生询问一些与课程学习有关的问题等。而大学教师与学生的个人交往和顾问式的互动,对学生的成长具有非常重要的价值。当大学生与大学教师确立了一种个人的交往关系,他往往会感觉自己很有价值、很重要,他把教师称为他的朋友或者伙伴,大学教师不再只是一个站在讲台上的人,而是实实在在关心他生活的朋友。由此,作为大学代言人的大学教师,就变得更为人性化、更有人情味了。当学生遇到各种各样的迷茫、疑惑和不知所措,自己不知道该如何解决的时候,建立在相互信任基础上的师生个人交往使大学教师的顾问角色体现出来,大学教师的人生经历和经验可以为大学生在职业发展上提供很

---

① 胡俊生．青年教师教学能力的培养须打"组合拳"[J]．中国高等教育,2012(21)．

② Bradley E. Faculty-student Interaction Outside the Classroom: A Typology from a Residential College [J]. The Review of Higher Education Summer, 2007, 30 (4).

好的帮助，并且获得情感和心理的支持。

正是意识到了大学教师与学生互动对学生成长的积极影响，国外的许多高校或教育机构正不遗余力地进行改革和实验，推行一些新政以促进大学教师与大学生之间的互动。牛津大学和剑桥大学在本科生与导师之间确立的人际关系，尽管可能存在种种个人的局限性，却是世界上最有效的教学关系。尽管课堂教学稀少，师生间每周的面谈，有时延伸至漫长的假期的非正式关系，既使学生独立自主，也使他们直接受到教师的影响[1]。而在美国，有学校明确规定大学教师要保证最低的办公室工作时间；也有的大学要求其教师每人指导一部分特定的学生；最为显著的就是很多高校推出了暑期阅读项目和本科生科研项目，以帮助学生参与到大学教师的研究工作中[2]。

我国增进大学师生的互动亟须得到制度性的支持。这种制度性支持不仅应来自于学校外部政策制度的激励，也应源自尊重教师自主性和学术职业内在价值的自我认同。大学最根本的任务是人才的培养，从回归大学本源的角度重新审视大学教师与学生的关系，大学教师与学生之间就是两个主体之间的平等交往关系，大学教师与学生无论是在课堂还是在课外的交流，与学生的知识探讨、理性沟通和精神分享，其关系建构和行为的本身就是教师自身职业使命中的应有之义，因为其最终的指向都是促进学生主体性人格的成长和发展。在当前我国高校的奖励机制主要以可见的、易量化的、可比较的成果为评价标准，那些致力于提高教学质量并通过加强与学生的交往沟通进行有效教学的教师，他们在教学和与学生交往中所花费的精力和付出的努力，未必能得到外部奖励机制的合理评价，因而更有必要强化内在职业价值信念的支撑，并通过恰当的教学改革路径把内在的信念和外部的制度支持有效地连接起来。

---

[1] 亚伯拉罕·弗莱克斯纳. 现代大学论——美英德大学研究 [M]. 徐辉, 陈晓菲译. 杭州：浙江教育出版社, 2003.

[2] Bradley E. Faculty-student Interaction Outside the Classroom: A Typology from a Residential College [J]. The Review of Higher Education Summer, 2007, 30 (4).

六、彰显学生管理中的服务理念

高校的人才培养工作主要通过两个途径进行：一是以教学、科研为主的学术事务；二是以学生培养和发展为主的学生事务。按照原国家教委颁布的《普通高等学校学生管理规定》，学生管理被界定为"在学生入学到毕业在校这段时间里，高校对学生在学习、生活、行为等各方面的规范与管理"。这一定义相对比较狭窄。改革开放以后，高等教育有了迅猛的发展，相应带来了学费分担、就业市场化、后勤社会化等一系列改革。这些改革进一步扩展和分化高校学生工作的范围和职能，其工作领域进一步拓展到就业指导、心理咨询、勤工助学等方面。学生管理方面的内涵不断丰富，拓展成为广义上的"学生管理"，包括"管理学生（人）"和"管理学生工作（事）"。

与我国高校内部管理体制相适应，我国在高校学生管理理念上倾向于从社会本位价值取向出发，倾向于以管理本位为目的，在管理中侧重于规范和约束，在管理过程中坚持高校学生管理方式的控制性、学生管理主体意志的合目的性和管理结果的有效性。它把学生管理的"控制性"作为自己的最高要求，强调学生管理的各个部门形成严密的组织结构，在管理学生时严格按照管理程序和方法执行。它一般通过制定严格的、周详的学生管理规章制度，使学生时时处处都离不开这些规章制度的控制、监督和惩罚。这种学生管理理念易于造成学生与学生管理人员的二元对立，学生管理强调管理者权威的单一视角，在管理中往往不考虑学生的现实情况，在管理者眼中学生并非是有自主意识、人格尊严、平等地位的个体，往往被认为是被管理、被教育、被驯服的对象，学生本应拥有的权利得不到承认和保障。管理者往往扮演的是权威代言人的角色，他们对学生进行"独白式"的宣教，从"绝对自我"出发去安排教育活动，他们往往习惯于去发现学生的共性和规律，趋向于按照预设的"完人"去培养标准化的学生，往往忽略了学生的差异和个性。这种整齐划一的评价方式，强调用共同的、普遍的标准，即一把尺子去要求所有的学生，牺牲了学生个性发展的独特性。

这种传统的学生管理理念随着高等教育的一系列变革和学生入学群体的

变化正遭遇前所未有的挑战。虽然目前高校倡导"以学生为本"的管理理念，管理方式也逐步由封闭集中式管理转向开放综合式管理，管理内容也由约束、控制和规范，拓展到各类学生服务项目。但在实际工作中，管理的目的仍然是为学校服务而不是为学生服务，为学生服务的理念和意识并没有渗透到学生管理的各个环节中。在这个方面，美国高校的学生事务管理值得我们借鉴。

美国高校学生事务管理把学生视作独立、平等个体，重视学生的自主参与意识的培养，形成了"学生发展"的终极目标和"服务学生"的价值导向。从内容体系看，"以服务促发展"的理念对美国高校学生事务管理影响颇深，在机构设置的定位上和活动内容的设计上更强调服务。一方面，各学生管理机构应学生需要而设立，针对个性差异进行个别指导和服务，为学生的发展提供优质、全方位的服务，从而促进学生思想上和心理上的成熟。根据不同的分工，美国高校各个学生事务管理部门在自己的职责范围设置若干个管理中心，直接面向学生和学生组织提供指导和服务，多中心齐头并进，呈条状模式运行。另一方面，活动内容的设计立足于满足学生发展的需要。美国高校学生事务管理涉及的服务内容非常多，在活动设计时把学生的需要放在首位。学生事务管理机构非常注重学生个性特点的发展，会针对学生的个性差异提供个性化的帮助。美国高校为学生设立的各种咨询机构，有科学化的理论指导和专业化的工作套路，学生事务管理部门根据学生的需求安排和调整工作项目，学生可以自主地根据需要选择服务。学生事务管理机构的服务范围包括了生活指导、学业指导、就业咨询、心理咨询等多个方面，帮助学生解决在生活、学习、社交、心理等方面遇到的实际问题。

美国高校学生事务管理基于"学生学习与发展"的理念，其管理机构运行过程中考虑到与学术事务管理机构相互配合，共同为学生学习服务。学生事务作为高等教育中的一个重要组成部分，与学术事务管理部门是平等关系，管理上没有隶属关系。在美国学生事务管理中，没有专门设立思想政治教育类的组织机构，而是教育职能体现在服务中，倡导学生事务管理者从服务的"经理"向"教育者"转变，与教师和学术事务管理者一起为学生的学习创造条件。1994年美国大学人事协会发表了《学生的学习是当务之急——学生事务的含义》(Student Leaning Imperative: Implication for Student Affairs, SLI)。该文章强调：学生事务与学术事务通力合作促进学生学习和发展；使用策略鼓励学生学习和发展；学生事务职能部门和人员要与其他机构和部门合作共同促进学生学习和发展；学生事务方案和策略的制定应该基于对学生学习的研究和评估；通过鉴定学生的学习和发展情况来评价学生事务管理的实效。在美国，学生事务管理者主要对学生进行学习观念教育、学习策略教育、学习咨询和指导，引导学生"乐学"、"擅学"，帮助学生解决学习过程中遇到的实际问题。他们与学术事务管理部门发挥各自优势共同承担，各自尽力创造更多的研究活动机会供学生参与，并与研究机构保持密切联系，及时更新信息，保证信息的准确性和有效性。

美国高校学生事务管理的内容体系全面而完善，在管理上能充分考虑学生的需要，为学生的发展提供优质、全方位的咨询服务、生活服务、学生校园生活服务，成为美国各高校有稳定生源和高质量学生的重要保证。因此，结合我国国情，构建服务化的学生管理内容体系既是服务型政府建设大背景下的必然选择，也是适应大众化高等教育转变的应有之义，更是我国高校学生管理的必然之路。为此，一方面要以促进学生成长和发展为标准丰富与完善我国学生管理的内容体系。虽然学校一直被说成是一个共同体，但学生目前课外时间和课堂上所学的东西很少发生联系，校园中的社会生活和学习生活互相分离，忽视了学术性和非学术性活动的结合，这直接减弱了大学的综合教育效果。新的学生管理理念应注重学生管理与学术管理的融合，强化对学生的学习辅导、生活指导、就业指导、社团指导、课外活动引导及提供心理咨询服务、法律咨询服务、学生资助服务、健康指导服务等。另一方面要讲究服务方式和服务方法，发挥隐形教育"润物细无声"的优势，加强学生活动的策划，提升活动的意义，丰富活动的内涵，将学生的培养与其生活的经历和体验融为一体。

七、重视支持性校园环境的建设

环境塑造人。除了学生个人的努力之外，校园环境是影响学生学习成长的另一决定因素。学生在良好的校园环境中能够通过耳濡目染、潜移默化,改变自己的态度和价值观、行为等,全身心投入到教育教学活动之中,最终影响教育质量的提高。可以说,校园环境是一种无声的、隐形的、独特的教育课堂。

校园环境是指学校内部一切客观物质存在和以人际关系为中心并由此产生的文化意识现象的总称。校园环境包括物质条件、院校政策及氛围、教师和管理人员等因素。物质条件是指教师学生工作、学习、生活所必需的物质设施和附着于校园的物质环境;院校政策与氛围构建的是一个文化与制度环境,主要是指在教育教学活动中所创造和形成的各种精神财富、文化氛围及其表现形式,包括学校的传统习俗、信仰追求、价值观念、道德情感、文化思潮、规章制度、行为规范和生活方式等;而教师、管理人员和学生的相互关系则构建了学校的人际环境。

大量研究表明,有助于学生成长的校园环境应当具备两个基本特征,一是"高学业挑战",二是"充足的支持"①。大学校园文化在大学智力环境的创建中扮演着重要角色,"大学应该检验其校园环境是如何影响大学生的价值、认知和行为的②"。"高学业挑战"是通过课堂内和课堂外一系列教学和学术活动及科研实践来呈现的,它在学生现有认知水平的基础上,通过激发学生的参与性和探索性,促进学生知识、能力和素质的提升。而支持型校园环境的建设则需要多种因素的共同作用。

首先是物质环境。校园物质环境总是环绕在学生周围,不断地对育人过程产生影响。校园的物质环境多以实体的形式表现出来,具有客观实在性和相对稳定性。在大学物质环境建设上,学校应注意整体规划,精心设计,合理布局,经济实用,因地、因时制宜,寓思想和文化教育于环境建设之中,使艺术性与时代感紧密结合,体现出大学生共同的思想追求、自然情感、高尚的审美观等精神文化内容。同时,学校还应加大投入,进行教学设施建设,

---

① Kuh G. D. What Student Affairs Professionals Need to Know About Student Engagement [J]. Journal of College Student Development, 2009, 50 (9).

② Tsui L. Effects of Campus Culture on Students' Critical Thinking [J]. Review of Higher Education, 2000, 23 (4).

第五章 提高高校教育质量的对策与建议

不断充实更新专业化教学设备、加强方便快捷的网络建设。实力雄厚的教育设备与教学资源，是提高教育有效性的有力保障，也更能挖掘学生潜能和创造力。

其次，支持性的校园环境也不完全依赖于学校物质条件和资源，即使物质条件和资源供给一般的院校也可以通过院校政策的完善和变革、教学人员的努力为学生来提供一个较高支持度的校园环境。国内外相关研究已经表明，学生对学校校园环境支持度的感知情况直接体现了院校环境对学生个人发展的关心和支持，影响着学生经过大学教育之后的学习收获，是评价学校教育质量不可忽视的指标。本书从学术环境和人际环境来考查湖南各高校的校园环境支持度，研究发现，各高校的人际环境要好于学术环境，其中学术环境方面非常重视学生交流、沟通和合作能力、职业和工作能力及学术、学业、智力的培养和发展，最不重视学生信息资源运用能力、分析评判思维能力及审美、创造能力的发展；人际环境方面，生生沟通交往更加融洽，与老师或辅导员交往次之，与行政管理人员或学院领导的关系最差。因此，各高校应该通过配置资源、组织课程、开展活动及提供服务等形式努力营造一个支持和促进学生各方面全面发展的校园环境，尤其要关注学生所处的微观环境的积极改变（如宿舍的督导制度、班集体建设、同辈交往制度和文化与课堂学习等），这些微观环境直接影响学生在大学的成长。根据我们的研究，高校应增加培养学生信息资源运用能力、分析批判思维能力及审美、创造能力的学术活动或其他校园活动，引导学生积极参与这几方面能力的锻炼和提高。

最后，政府和大学应审慎地思考传统的、割裂的教学工作和学生工作两分的模式，逐步打破现有的"教书不育人、育人不教书"的文化和制度隔阂，使学生的专业学习环境和课余生活环境协调一致，积极促进学生的成长。大学需要以构建学习—生活一体化的大学环境为目标，加强高校中不同部门的协调合作，建立全方位、系统的和目标一致的学习生活指导体系。学校应鼓励"全员育人"，充分发挥每一位教职员工的示范、引导、辅助作用，建立支持性的师生互动平台，改善师生关系，尤其是院校领导和行政管理人员与学生之间的关系，使学生与校园环境各因素积极互动，充分吸收校园环境中的积极养分，增进校园经验，提高大学学习收获，促进自我更好发展。

第三节 教学型大学教育质量提升的策略

对研究型大学和教学型大学学生就读经验的比较分析,本书只是从研究型大学和教学型大学中分别选取了一所案例学校作为研究对象,研究对象比较单一。同时,由于只是对两所学校的两个专业学生进行抽样,样本的数量与结构构成都不丰富,使得研究的结论分析代表性有限,不能反映所有研究型大学学生就读经验和所有教学型大学学生就读经验的全貌,二者之间的差异也不能概括所有研究型大学与教学型大学之间的差异。本书试图从案例学校的个性和对比的差异性中寻找共性,提出切实可行的建议以提高高等教育质量,特别是为教学型大学的发展找寻出路。

一、明确学校定位,注重内涵发展

高等学校定位和分类是紧密联系的,分类是定位的前提。高等学校分类是高等教育发展到一定阶段后出现的产物,按照克拉克·科尔的观点,大学从封闭的乡村发展到光怪陆离的城镇,再到多元巨型化大学,大学发展的多样性和复杂性必然要求对大学按照类型和层次进行分门别类的划分。国际组织和各国基于对大学意义和功能的不同认识,形成了不同的大学分类法。卡内基教学促进基金会(Carnegie Foundation for Advancement of Teaching,CFAT)提出的分类法是目前美国高等教育界较为认可和占主导地位的分类法,也是目前世界上关于大学分类标准中最著名的分类法。该分类法主要是根据大学的主要任务,特别是大学所授予学位的层次、数量和接受联邦政府资助经费的多少,把大学分为六大类[1]:博士/研究型大学、硕士学位授予院校、学士学位授予院校、副学士学位授予院校、专门院校、部族大学和学院。此外,美国联邦政府教育部根据授予学位的数量和种类,将美国大学分

---

[1] 时明德. 中国教学型大学的特征 [J]. 信阳师范学院学报(哲学社会科学版),2006 (4).

为四类①：①博士类，出色的博士水平教育及有关活动；②综合类，以本科教育为主，有博士水平的教育但并不突出；③普通本科类，主要从事本科学士学位教育；④专门学院类，主要指专业学院和其他专门化高等学校。我国学者对大学的分类也进行了探讨。比较典型的有刘献君提出的三分法，即从办学层次的角度，将我国大学分为研究型、教学科研型（以本科教学为主）和职业技术型三种类型②；王义遒、马陆亭提出的四分法，他们将大学分为研究型大学、教学科研型大学、教学型大学和高职高专院校四类③。

关于教学型大学的界定，国内外学者有不同的认识和理解。我国对教学型大学的定义主要有以下四种观点：

第一，教学型大学是以招收本科生为主的全日制大学，兼有研究生和少量专科生教育，有较好的师资条件，教育设备较为先进，经费由国家和入学者分担，并从社会上募集一些资金，可以搞创收，主要为各行各业输送高级专门人才④。

第二，教学型大学是以本科生与专科并重、学历教育与职业培训并重，原则上不招收研究生，少数学校个别专业需经特别批准可招收研究生，可授予学士学位，个别专业可授予硕士学位，教学型大学可包括相当部分的独立设校的文理学院及单科学院⑤。

第三，教学型大学是指没有研究生教育，以培养本科生为根本任务的大学，绝大多数布局在省会城市之外的中等城市，常常成为区域内唯一的高校，其办学历史不长，历史积淀不多，生源及服务地区的辐射能力还很有限⑥。

第四，教学型大学是指以本科教育为主体的全日制大学，它以招收本科

---

① 陈厚丰. 中国高等学校分类与定位问题研究 [M]. 长沙：湖南大学出版社，2004.
② 刘献君. 论高等学校定位 [J]. 高等教育研究，2003（1）.
③ 王义遒. 多样化：我国高等教育大众化的关键 [J]. 北京大学教育评论，2003（4）.
④ 贾志兰，杜作润. 国外高教改革探析 [M]. 上海：上海大学出版社，2001.
⑤ 方惠坚，范德清. 清华大学发展研究报告（2000年）：中国高等教育的改革与发展 [M]. 北京：清华大学出版社，2001.
⑥ 甘晖，王建廷，金则欣等. 战略机遇期高等学校的定位及其分层管理探析 [J]. 中国高等教育，2004（8）.

层次的学生为主体，主要履行人才培养和教育教学研究的职能，培养高水平技能型人才（即高级专门人才）和高级研究型后备人才，拥有学士学位授予权和少量的硕士学位授予权，可招收一定数量的专科生①。

上述观点大都从大学办学层次的角度对教学型大学进行了界定。与研究型大学相比，我国的教学型大学具有自己鲜明的个性特征，突出表现在以下四个方面。

1. 以本科教育为主体

我国教学型大学主要以招收本科层次的学生为主体，培养具有本科学历的高级专门人才和高级研究型后备人才，拥有学士学位授予权。有的学校也拥有少量的硕士学位授权点，有的还招收一定数量的专科生。但硕士研究生和专科生人数在学校学生总数中所占比重较低。

教学型大学以本科教育教学为重心，教学工作是学校唯一经常性的中心工作。当然，科研工作也是学校仅次于教学的重要工作。虽然有的教学型高校提出学校有两个中心工作：教学和科研。但是，与研究型大学相比，绝大多数教学型大学科研经费和科研设备条件都十分有限，从事科研开发的人员较少，承担的国家级研究课题少，且创新性科研能力不足，科研方向多集中在本科专业、学科的教育教学研究上，科研成果数量较少且水平不高。

2. 主要承担高等教育大众化的任务

根据教育部《2004年教育事业发展统计公报》，我国共有普通高等学校1731所。按照国家教育发展研究中心马陆亭博士依据博士学位授予数和科技经费获取数作为主变量、依据硕士学位授予数和国外及全国性刊物发表学术论文数作为辅变量计算，结果显示我国应有500~600所教学型本科院校②。教育部院校设置处戴井岗2000年的研究统计表明，我国具有教学型特

---

① 时明德. 中国教学型大学的特征 [J]. 信阳师范学院学报，2006 (4).
② 马陆亭. 我国高等学校分类的结构设计 [J]. 北京大学教育评论，2005 (4).

点的大学占普通高校总数的55%。

研究型大学以创新性的知识传播、生产和应用为中心，以产出高水平的科研成果和培养高层次精英人才为目标。也就是说，研究型大学既为国家培养高层次精英人才，也要为国家产出高水平的科研成果，同时还要开展创新性的知识传播、生产和应用。因此，研究型大学的主要精力多放在科学研究和研究生教育上，硕士和博士研究生的规模甚至超过本科生。与研究型大学相比，教学型大学的主要职能是以为社会培养大批应用型高级专门人才和高级研究型后备人才为主，生源大多数为学业水平中等及中等以下的高中生，在校生规模十分庞大，不仅多数超过研究型大学本科生的规模，有的甚至还超过研究型大学在校生的总规模。因此，教学型大学更多承担的是一种大众化高等教育的职能，它成为我国实现高等教育大众化的主力军。

3. 社会适应性强

教学型大学的适应性是由教学型大学自身条件所决定的。社会适应性强是指教学型大学能够适应现代社会发展的需要和学生发展的需要，从而为自身的生存发展创造条件。教学型大学以培养本科生为主，兼有少量的研究生和一定数量的专科生，除培养高级研究型后备人才外，主要为国家和地方经济、社会培养各类高级专门人才，科学研究以教育教学研究和一定的应用型研究为主。因此，一方面教学型大学立足于教学、培养大量的高级专门人才，以适应社会对各类人才的需要；另一方面教学型大学应通过传播知识和应用知识为社会服务，利用地域优势，把科研成果转化为现实生产力，为地方经济发展提供巨大动力，以适应地区经济、社会发展的需要。同时，教学型大学也在为社会发展服务的过程中，不断从社会获得促进学校发展的动力和活力。

4. 重视复合型人才的培养

与研究型大学相比，重视复合型人才的培养是教学型大学的重要特征之一。从学科设置上看，教学型大学多为多科类大学，一般设有两个以上的主干学科和若干相近学科,学科的增多改变了计划经济时代区域大学专业设置单一的弊端,为进行复合型人才培养和应用科研奠定了基础。从科学研究上看,教学型大学主要是为当地的经济建设服务的。这种应用型研究往往不是某一学科能够包含的,它必然是跨学科合作和多学科的联合。因此,理工结合,文理渗透,科学教育与人文教育并重,已经成为我国教学型大学进行复合型人才培养的共识。

5. 区域化优势明显

区域化是我国教学型大学办学的优势所在。我国教学型大学一般都位于中等及其以上城市,其中以地级市所在地为主。地方新建本专科院校为当地政府和社会各界所重视和支持,可以为当地经济腾飞和社会发展服务,以此获得更大的支持和回报,找到自身存在的价值和发展的方向。老牌的教学型大学有长期与行业和地方合作、服务的经历,在日益激烈的竞争环境下,立足于区域或地方的经济、社会发展的现实需要,找准办学定位,与社会实现互动发展,成为一定区域经济腾飞和社会进步的动力源。

在我国高等教育逐渐由卖方市场转向买方市场、竞争越来越激烈的环境下,教学型大学应明确自身在整个高等教育系统中的定位。香港科技大学校长吴家玮说过:"高等学校绝不要追求不适合自身特点的类型,结果造成学校水平下降或更糟,就那样没有灵魂而苟延残喘,每所高校都应清楚自己的使命,并为自己的身份而自豪,努力使自己成为自己所属类型高校中的佼佼者[1]。"我国著名教授杨福家也指出:"不同的学校要构成一个系统,好像是一架钢琴一样,或者是一支交响乐队,要演奏出动听的音乐来,必须是由不同的键或不同的乐手发出不同的声音。如果大家都发出同一个音,这个交响乐就奏不出来了,如果找不准自己的定位,一所大学就不可能办得好[2]。"研究型大学不是每一个学科、每一个专业都强于教学型大学,教学型大学也

---

[1] 吴家玮等. 高等教育机构的全系列[M]. 北京:北京大学出版社,1999.
[2] 刘华蓉. 中科院院士杨家福教授谈教育[J]. 新华文摘,2000(6).

不是每一个学科、每个专业都弱于研究型大学，一流的大学不是所有的专业都一流，而是它们具有自己一流的专业和特色。以美国知名高校为例，哈佛大学的政治学、斯坦福大学的信息学、耶鲁大学的法学、麻省理工学院的集成电路和三极管等，都堪称世界一流[1]。本科院校在发展的过程中，要明确自身学校的定位，是做好科学研究工作还是做好本科教学工作，工作没有贵贱之分，对工作的完成水平才有质量之分。

"如同世界上其他地区的情况一样，大众化高等教育意味着多样化的学术体系，其组成部分之间存在着质量、目的和定位方面的重大差异[2]"。教学型大学以本科教育为主，根据条件和需要适当发展研究生教育，培养地方需要的应用型人才。注重特色学科发展是有效利用有限资源的一种方式，特色学科的确立不是盲目的，它和一所学校的历史发展背景、优势学科和教师的学科背景都有着很大的联系。学科建设规划就是指对学科的远景发展做出科学的规定和论证，使学科的发展纳入有目的、有秩序、有规律的过程[3]。要依据自身的条件和社会的需求来制定具有自身特色的学科建设规划，作为教学型大学，可以着眼于加强与本省或者本地经济发展建设的联系，进行产学研合作，推动当地经济发展和输出更多复合型应用型人才，提高学校的声望，也可以为学校拉入更多的资金投入，促进教学型大学自身的发展。

二、关注学生群体，提高本科教学质量

高等教育大众化带来高等教育规模的快速扩张，在学生入学数量和规模扩张的同时，学生类型也呈现由单一、同质化向多元和异质化转变。这些学生在家庭背景、学术资质、学习动机、升学方式、学习行为及学业发展中呈现的多元化趋势给高等教育的传统供给模式带来了严峻的挑战，也导致高等

---

[1] 杨树兵. 民办高校发展战略和政策需求研究——基于核心竞争力理论之视角 [M]. 南京：江苏大学出版社，2009.

[2] 菲利普·G. 阿特巴赫. 亚洲的大学：历史与未来 [M]. 邓红风译. 青岛：中国海洋大学出版社，2005.

[3] 张强，鲁甜. 我国高校学科建设规划的研究综述 [J]. 南通大学学报（教育科学版），2009 (3).

教育系统内不同类型的高校在教育理念、课程和教学形式、教学组织及学生内部管理等方面进行相应的转化。

北京大学教育学院2011年对首都63所院校进行的高等教育质量与学生发展调查中将高校中的学生分为四个类型：高效型学生、无为型学生、积极型学生和厌学型学生。高效型学生是指对学校教学工作满意、积极配合并且善于挖掘学习兴趣，学习成绩良好的学生。无为型学生是指对教学满意度较高，但由于自身问题或学习方法不当，导致学习成绩提高有限，学习成绩一般的学生。积极型学生是指自身的学习成绩很好，但对学校的教学工作不是很满意，自身成绩的提高与学校教学没有太大关系，只是被动地遵从学校的教学程序。厌学型学生是指对学校教学工作不满意并且学习成绩也不理想的学生。北京大学教育学院的调查样本显示（如表5-1所示），不同类型学生在不同层次院校的分布差异很大。从学生类型来看，高效型的学生主要分布在"211"院校和一般本科院校；厌学型学生主要分布在一般本科院校和高职高专。从院校层次来看，"985"院校和"211"院校中，高效型学生比例都是最高的，而厌学型学生比例是最低的；高职高专与民办和独立学院高效型学生比例最低，而厌学型学生比例最高。而一般本科院校厌学型学生和无为型学生的比例都偏高①。

表5-1　不同层次院校中学生群体的分布趋势

单位:%

	高职高专	民办和独立学院	一般本科院校	"211"院校	"985"院校	合计
高效型	14.1	5.0	26.9	31.4	22.6	100
无为型	19.6	7.2	31.8	26.8	14.6	100
积极型	23.7	6.2	28.6	26.6	14.9	100
厌学型	26.8	8.0	32.0	21.4	11.8	100

资料来源：罗建平，马陆亭.高校学生类型与学习行为关系［J］.国家教育行政学院学报，2013（8）.

---

① 罗建平，马陆亭.高校学生类型与学习行为关系［J］.国家教育行政学院学报，2013（8）.

上述四种类型的学生在不同层次院校的分布既和学生本身的学习资质和学习行为相联系，也和高等教育大众化背景下不同学生群体的升学需求、升学方式、学业选拔标准的差异相关。按照日本学者金子元久的观点，普及化阶段个体参与高等教育的规模与方式主要有"横向扩大"与"纵向延伸"两种①。我国高等教育大众化规模扩大的方式主要是横向扩大，即高中应届毕业生升学率的提高。从学业选拔标准的角度来说，以往在精英教育阶段较为严苛的高学业选拔标准的高校升学模式在大众化阶段其选拔标准相对趋于宽松，不同学业水准的学生可以在不同层次类型的院校选择就读。无论是北京大学教育学院调查的结果还是我们以个案学校为研究样本进行的调查，不同层次类型院校的学生就读经验的差异和高等教育大众化阶段学生群体的多元和异质化是相联系的。教学型大学作为我国高等教育大众化的主力军，承担着高等教育规模扩大的重任，学生群体的多元和异质化相较于研究型大学其程度更为显著，这对教学型大学的人才培养模式提出了严峻的挑战。

教学型大学的人才培养模式，应根据本地区经济与社会发展对不同层次、不同规格、不同类型的高级专门人才的客观需求，创新教育思想，在新的教育思想的指导下，针对学生群体的变化，重构人才培养目标，设计新的人才培养规格，制定新的人才培养方案。教学型大学应该依据学校自身的情况进行本科教学。在教学内容上，要拓宽知识基础，强调学生基础知识的掌握，依托教材的内容为主，通过课堂教学把系统化、结构化的知识传授给学生。要注意拓宽专业口径，着眼于培养人才的发展后劲。在课程设置上，要使学生在有限的学业年限内学到更多的知识、掌握更多的技能，必须对课程体系进行优化，对一些明显过时的内容要及时清理，同时及时充实本学科本专业最新动态成果，贴近科技发展前沿和产业实际。要注重人文社会科学课程和自然科学课程齐头并进，把握不同类型课程的内在联系，同时也不能忽视选修课的设置，不能使选修课流于形式。在教学方法上，更多地采取启发

---

① 鲍威.未完成的转型——普及化阶段首都高等教育的人才培养与学生发展［J］.北京大学教育评论，2010（1）.

式的教学和讨论式的教学，引导学生由被动的"填鸭式"的接受知识变为主动学习知识，课内教学和课外教学一同进行，开展第二课堂。在教学评价方式上，改革考试的方式，把学生课堂内的表现也纳入考试成绩中，激发学生在课程学习中的积极性，同时，学生参与实践课程和社会实践的情况也应该纳入考试成绩进行考查。

相较于研究型大学，教学型大学的办学定位及学生自身学业资质和学术性决定了其人才培养规格主要是应用型的。教学型大学应该加强实践教学力度，提高符合社会需要的应用型人才的质量。学校应根据自身的条件和特色设置合理的专业结构和课程结构，不应盲目地追求热门专业招收大量的学生，不应依靠招生数量的最大化追求经济利益的最大化，如此便不能遵循高等教育的传统承诺，即追求真理①。实践性教学是帮助学生把所学理论知识运用于实践工作中的一种有效方式，对提高学生动手能力也有着很大的帮助。一般情况下，实践教学可以通过开展实验课程、进行专业实习和建立实习基地三种方式进行。通过实践性教学，学生不仅可以进一步消化所学书本知识，掌握基本的实践技能、方法，而且可以进一步培养学生的创新意识、创新思维、创新能力，实现培养创新性人才的目标②。

教学型大学需要明确本科教学工作是学校的主要任务，同时要以教学带动科研的发展，更好地指导教学。为了保障本科教学的顺利进行及提高本科教学的质量，需要将科研的成果运用到教学中去，科研是要为教学服务的。教学和科研是高校主要的两个任务，二者不能脱离开来。教学型大学不是只搞教学而不需要科研，研究型大学也不是只搞科研而不去教学，在实际情况中，教学中遇到的问题可以通过科研去寻找解决办法，科研的结果也可以通过教学来进行实践证明，只有教学和科研协调发展，相互促进才能从根本上促进高校的发展。由于教学型大学的科研基础相对薄弱，教师在科研课题的选择上可以选择与教学关系更加密切的课题进行研究，将研究的成果转化为

---

① 菲利普·G.阿尔特巴赫.私立高等教育：从比较的角度看主题和差异［J］.教育展望，2000（3）.
② 王胜今.转型期我国大学人才培养模式的若干思考［J］.大学教育科学，2010（2）.

教学的资源,从而提高教师的教学水平。在教师提高课题参与性的同时,大学生也应该加入课题的研究,课题的研究过程也是另一种教学的过程,学生在参与课题研究的过程中也会提高自己的学术能力和实践能力,从而促进了高等教育的发展,提高了本科生的教育质量。

三、加大教育资源投入,构建学生成长的有益环境

教育资源是学校生存发展的基本保障条件,加大对教育资源的投入是本科院校得以发展的物质基础。教学型大学基本属于地方院校,而绝大多数研究型大学属于中央部属院校。随着政府在高等教育领域一系列国家"重点工程"的推行,我国高等教育系统的分化现象越来越明显,中央部委所属高校和地方高校这两大部门在资源配置上形成巨大的反差。一方面,地方高校从政府获得的资源有限;另一方面,地方高校整体学术水平偏低,科研开发能力较弱,在我国目前高校"三三开"的高校整体经费来源格局中(即1/3政府下拨经费,1/3学费,1/3自筹),自筹经费部分极其有限。自1999年高校扩招以来,各高校开始寻求拓展办学空间以满足日益增长的办学需要,或进行大量的基本建设项目,或异地选址建设新校园,在这个过程中,许多高校出现了"超前投资"、"无限制透支"的现象,债务压力和教育资源短缺问题使许多地方高校办学举步维艰①。从部属与地方普通高校生均各项办学资源比较中(如表5-2所示)可以看出,两类院校在办学资源上存在较大的差距。

表5-2 部属与地方普通高校生均各项办学资源②

生均办学资源	隶属关系	1998年	1999年	2000年	2001年
教学及辅助用房	中央	29.50	30.16	27.78	25.54
(平方米/人)	地方	21.03	21.84	19.13	18.60

---

① 郭丽君. 地方高校发展的困境与战略选择 [J]. 现代大学教育, 2009 (5).
② 张应强,彭红玉. 地方高校发展与高等教育政策调整 [J]. 高等教育研究, 2008 (9).

续表

生均办学资源	隶属关系	1998年	1999年	2000年	2001年
行政办公用房	中央	9.06	9.01	8.08	7.35
（平方米/人）	地方	7.00	7.21	6.35	6.53
学生宿舍	中央	4.27	4.42	4.20	4.20
（平方米/人）	地方	3.40	3.70	3.57	3.94
学校藏书	中央	90	89	78	66
（册/人）	地方	71	67	52	46
生师比	中央	14.01	14.95	17.39	20.66
	地方	16.95	17.86	22.78	25.58
科研仪器设备	中央	6487	7380	7629	7499
（元/人）	地方	2550	2849	2723	2785

资料来源：根据1998~2001年《普通高等学校事业统计》计算得到。

教学型大学在办学资源上的欠缺和硬性条件上的不完善会阻碍高校自身的发展，基础设施上的不完善会直接对学生学习生活的情绪和积极性产生很大的影响。图书馆、自习室、实验室、教学所使用的仪器设备、校园网络、食堂、宿舍、运动场所甚至校园的环境都会影响学生的日常学习生活。在我们的研究样本中，研究型大学Z大学和教学型大学G大学在教育资源上的差距也造成了两所学校学生在就读经验上的差异。因此，教学型大学必须千方百计拓展经费来源渠道，加大学校基础设施建设力度。首先，要加大中央和地方财政对教学型大学的投入力度，充分发挥公共财政的发展导向作用，向教学型大学提供各种形式的财政补助，在教学型大学的基础设施建设上还可以采取土地划拨、政策优惠等多种形式予以支持和鼓励。其次，教学型大学应该转变过去那种依靠政府财政拨款和收取学杂费过日子的思维模式，树立主动筹措办学经费拓宽办学资源的意识。教学型大学要面向社会办学，人才培养、科学研究、学科建设都要立足于企业的现实需求，在学校和企业之间建立共赢机制，加强产学研结合，为学校开辟新的经费和资源来源渠道。最后，教学型大学自身应合理利用已有的教育资源，除了积极的"开源"

增收教育经费收入外,还必须精打细算,合理控制开支,梳理成本意识和效益意识,把经费有效投入到有利于促进学生发展的各种教育基础设施上。

学校在进行基础设施建设的同时也应该注重校园学术氛围的建设。大学文化是一种无声的教育,它主要以非固定的组织形式和非语言形式,通过学习的环境、气氛和风气等隐性的教育因素,对全体成员施加影响,使其于不知不觉中受到感染和熏陶,从而起到潜移默化和润物无声的特殊效果①。教学型大学大多建校时间短,没有足够深厚的校园文化底蕴,加之现实条件的限制,对开展学术文化活动不重视,学校举办的学术沙龙、学术论坛和学术讲座比较贫乏。但是,开展形式多样的学术活动对于营造学术气息浓厚的校园文化有很大的促进作用,在潜移默化中也会影响学生的学术素养,调动他们的学习积极性。

在各种教育资源中,教师是极为重要的人力资源。在高等教育大众化的过程中,学生规模的急速扩大必然要求师资队伍得到相应的扩充。这种师资队伍的快速扩张一方面缓解了学校扩招以后的教学工作压力,另一方面也不可避免地带来一系列问题。如随着学校规模不断扩大,教学型大学开始由单科性大学向多科性、综合性大学发展,带来学校人事管理体制和运行机制相应的调整问题,一些新进博士、硕士一毕业没有经过必要的教学培训就直接上讲台带来课堂教学质量问题,学科发展与专业建设带来师资队伍的结构和层次问题,地方高校在高层次人才上的恶性竞争带来师资队伍稳定与保持问题等。因此,对教学型大学而言,一方面应出台系列优惠政策吸引人才,另一方面又要采取有力措施,稳定现有的教师队伍。同时,教学型大学应高度重视新进青年教师的成长,努力探索青年教师培养机制,建立长效稳定的用人机制,增强教师队伍的活力。

---

① 夏敏,朱爱军.现代大学制度与大学文化 [M].沈阳:辽宁人民出版社,2005.

附录1 大学生就读经验调查问卷（一）

亲爱的同学：

您好！

本问卷旨在更准确地了解您是如何度过您的大学时光，包括您与教师和朋友相处、上课、参与社会和文化活动、课外活动、有偿工作和对校园设施的使用，如图书馆和学生中心，以便改进和提高本科教学质量。得到的信息仅供学术研究之用，不记名，数据由计算机处理，为了保证本次研究的信度，请放心如实回答所有问题。

本问卷包括选择题、填空题、表格。作答时，请仔细阅读题目，填写您的答案或在您认为适合的选项处划"√"，不要有题目遗漏。非常感谢您参与本次调查，谢谢配合！

背景信息（提示：请在下列选项中选出最接近您实际情况的选项，如无说明只能单选，谢谢）

1. 性别
A. 男　　　　　　　　B. 女
2. 民族
A. 汉族　　　　　　　B. 少数民族
3. 年龄
A. 小于19岁　　　　　B. 19~23岁　　　　　C. 24~29岁
D. 30~39岁　　　　　E. 40岁及以上

4. 所在学校
A. "211"院校　　　B. 一般本科院校　　C. 高职高专院校

5. 年级
A. 大一　　　B. 大二　　　C. 大三　　　D. 大四

6. 专业
A. 人文社科　　　B. 理科　　　C. 工科

7. 家庭所在地
A. 城市　　　B. 乡镇或农村

8. 父母的受教育程度
父亲：A. 小学及以下　　B. 初中　　C. 高中　　D. 大专　　E. 本科
　　　F. 硕士　　　G. 博士
母亲：A. 小学及以下　　B. 初中　　C. 高中　　D. 大专　　E. 本科
　　　F. 硕士　　　G. 博士

9. 家庭年收入
A. 5000元以下　　　B. 5000~1万元　　　C. 1万~4万元
D. 4万~10万元　　　E. 10万元以上

10. 在读期间的住宿情况
A. 家中　　　B. 校内宿舍　　　C. 校外租房　　　D. 其他

11. 在校期间的成绩等级多数为
A. 90分以上　　B. 80~90分　　C. 70~80分　　D. 60~70分
E. 60分以下

12. 当您完成本科学业后是否会追求更高学历？
A. 会　　　B. 不会

13. 您的学费和生活费主要来源
A. 自己　　B. 父母　　C. 奖学金　　D. 贷款　　E. 其他

14. 您本学年每周在下列活动中投入多少时间（小时）（请在下表划"√"）

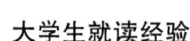

	≤5	5~15	16~25	26~35	35以上
1）课堂学习	≤5	5~15	16~25	26~35	35以上
2）课外学习（预习、复习、完成作业等）	≤5	5~15	16~25	26~35	35以上
3）参加校内勤工俭学活动	≤5	5~15	16~25	26~35	35以上
4）参加校外勤工俭学活动	≤5	5~15	16~25	26~35	35以上
5）参加社团、学生组织的课外活动（学生会、志愿者活动等）	≤5	5~15	16~25	26~35	35以上
6）休闲娱乐（电视、聚会、游戏等）	≤5	5~15	16~25	26~35	35以上
7）参加体育锻炼	≤5	5~15	16~25	26~35	35以上

15. 根据您个人的情况，您自入学以来参与下列活动的频率（请在下表划"√"）

	从不	偶尔	一般	频繁	非常频繁
1）利用图书馆查阅所需资料	1	2	3	4	5
2）在图书馆自习	1	2	3	4	5
3）上课认真做课堂笔记	1	2	3	4	5
4）课堂积极提问，参与讨论	1	2	3	4	5
5）在课堂上做口头报告	1	2	3	4	5
6）完成课堂规定的作业	1	2	3	4	5
7）利用电脑及互联网获得所需信息或辅助学习	1	2	3	4	5
8）在学校参加各种学术讲座、沙龙、论坛	1	2	3	4	5
9）使用校园的学生实验室或中心，提高研究或学术技能	1	2	3	4	5
10）使用校园娱乐休闲设施（健身设施，球场等）放松或进行锻炼	1	2	3	4	5
11）参与校园社团或学生组织	1	2	3	4	5
12）在校内外社团或组织中从事管理工作或担任领导职务	1	2	3	4	5
13）参加社会实践或实习	1	2	3	4	5
14）参加或观看艺术、音乐、戏剧表演	1	2	3	4	5

续表

	从不	偶尔	一般	频繁	非常频繁
15）与老师讨论关于课堂教学内容的问题	1	2	3	4	5
16）与老师讨论自己的职业规划	1	2	3	4	5
17）与老师讨论课程论文和课程作业的问题	1	2	3	4	5
18）与老师一起进行某课题的研究	1	2	3	4	5
19）与老师一起参加一些课外日常交往活动	1	2	3	4	5
20）老师对您的学习表现作出评价	1	2	3	4	5
21）更加努力地学习，以达到教师的期待或标准	1	2	3	4	5
22）与同学合作完成课程任务（如课堂讨论、小组活动）或课题	1	2	3	4	5
23）与同学讨论课堂上或书本中的知识	1	2	3	4	5
24）与同学交流学习心得体会	1	2	3	4	5
25）与同学讨论个人兴趣爱好或职业理想	1	2	3	4	5
26）与同学讨论个人生活观、爱情观或价值观	1	2	3	4	5
27）与同学分享困难，寻求心理支持和心理安慰	1	2	3	4	5
28）结识和自己家庭背景（经验、社会）不同的同学	1	2	3	4	5
29）结识和自己年龄不同的同学	1	2	3	4	5
30）结识和自己专业不同的同学	1	2	3	4	5

16. 课程作业主要强调下列哪种能力

　　A. 记忆能力　　B. 分析能力　　C. 组织综合能力　　D. 判断能力

　　E. 将理论运用到实际中的能力

17. 本学年，你大约阅读了多少本书籍？（请在下表的适当空格划"√"）

类型＼数量	没有	少于5	5~10	10~20	多于20
阅读指定参考书					
自由阅读书籍					

18. 本学年，你大概参加了多少门考试，写了多少篇论文或报告？（请在下表的适当空格划"√"）

数量 类型	没有	少于5	5~10	10~20	多于20
课程考试					
课程论文或其他书面报告					

19. 你对学校的态度

   A. 非常喜欢　　　B. 喜欢　　C. 不喜欢，也不讨厌　　D. 讨厌

20. 如果可以重新开始，您还会选择您所上的学校吗？

   A. 是的，肯定会　　B. 可能会　　C. 可能不会　　D. 不，肯定不会

21. 根据自己在这所学校的经验，您认为学校在下列方面的重视程度如何？（请在下表划"√"）

	几乎不强调	一般	强调	非常强调
1）学术、学业、智力发展	1	2	3	4
2）审美能力、表达能力和创造素质的发展	1	2	3	4
3）批判、评判和分析能力的发展	1	2	3	4
4）交流、沟通和合作能力的发展	1	2	3	4
5）计算机和其他信息资源运用能力的发展	1	2	3	4
6）职业和工作能力的发展	1	2	3	4

22. 您在学院中人际关系如何？（请在下表划"√"）

	非常不融洽	一般	融洽	非常融洽
1）和同学的关系	1	2	3	4
2）和班主任/辅导员的关系	1	2	3	4
3）和任课老师关系	1	2	3	4
4）和行政管理人员及学院领导的关系	1	2	3	4

23. 相对于入学之前，您认为自己在以下方面得到了多大程度的发展？（请在下表划"√"）

	几乎没有	较少	一般	较大	极大
1）职业知识和技能（职业准备）	1	2	3	4	5
2）专业基础知识和专门知识技能	1	2	3	4	5

	几乎没有	较少	一般	较大	极大
3）本专业领域的前沿知识	1	2	3	4	5
4）通识基础知识	1	2	3	4	5
5）对于艺术、音乐和戏剧的理解与欣赏能力	1	2	3	4	5
6）人文社科知识、人文素质	1	2	3	4	5
7）写作能力	1	2	3	4	5
8）口语表达能力	1	2	3	4	5
9）使用电脑和其他信息技术的能力	1	2	3	4	5
10）定量分析能力	1	2	3	4	5
11）分析思维和逻辑思维能力	1	2	3	4	5
12）有效、自主学习能力	1	2	3	4	5
13）创新能力	1	2	3	4	5
14）领导管理能力	1	2	3	4	5
15）人际沟通能力	1	2	3	4	5
16）协调组织能力	1	2	3	4	5
17）团队合作意识的发展	1	2	3	4	5
18）认识到不同的人生哲学、文化和生活方式	1	2	3	4	5
19）形成自己的价值观和伦理标准	1	2	3	4	5
20）了解自己，包括自己的能力、兴趣和个性	1	2	3	4	5
21）养成健康的生活习惯和合理的作息	1	2	3	4	5
22）适应变化（新技术、不同工作或环境等）的能力	1	2	3	4	5

谢谢您的参与！

附录2 大学生就读经验调查问卷（二）

亲爱的同学：

您好！

感谢您的参与！本问卷旨在更准确地了解您所在学校教育资源的利用和您在校期间的学习生活情况，以便改进和提高本科教学质量。本研究得到的数据信息仅供学术研究之用，不记名，数据由计算机处理，为了保证本次研究的信度，请放心如实回答所有问题。

本问卷设计多数为选择题，请在下列选项中选出最接近您实际情况的选项，如无说明只能单选。非常感谢您参与本次调查，谢谢配合！

背景信息

1. 性别（　　）

A. 男　　　　B. 女

2. 民族（　　）

A. 汉族　　　B. 少数民族

3. 专业（　　）

A. 市场营销　B. 土木工程

4. 生源地（　　）

A. 省内　　　B. 省外

5. 家庭所在地（　　）

A. 省会城市　　B. 地级城市　　C. 县级城市　　D. 乡镇及农村

6. 父亲受教育程度(　　　)

　A. 小学及以下　　B. 初中　　　C. 高中/中专　　D. 大学/大专

　E. 硕士及以上

7. 母亲受教育程度(　　　)

　A. 小学及以下　　B. 初中　　　C. 高中/中专　　D. 大学/大专

　E. 硕士及以上

8. 家庭年收入(　　　)

A. 5000元及以下　B. 5000~1万元　C. 1万~4万元　D. 4万~10万元

E. 10万元及以上

9. 在校期间是否获得过奖学金(　　　)

　A. 是　　　　B. 否

10. 在校期间是否获得过助学贷款(　　　)

　A. 是　　　　B. 否

11. 在校期间住宿情况(　　　)

　A. 家中　　　B. 校内宿舍　　C. 校外租房　　D. 其他

教育资源

12. 你对学校的图书馆是否满意(　　　)

　A. 非常满意　　B. 比较满意　　C. 一般　　D. 比较不满意

　E. 非常不满意

13. 你对学校提供的自习室是否满意(　　　)

　A. 非常满意　　B. 比较满意　　C. 一般　　D. 比较不满意

　E. 非常不满意

14. 你对学校开设的实验室是否满意(　　　)

　A. 非常满意　　B. 比较满意　　C. 一般　　D. 比较不满意

　E. 非常不满意

15. 你对教学仪器或者多媒体设备是否满意(　　　)

　A. 非常满意　　B. 比较满意　　C. 一般　　D. 比较不满意

E. 非常不满意

16. 你对学校的校园网络是否满意(　　)

A. 非常满意　　B. 比较满意　　C. 一般　　D. 比较不满意

E. 非常不满意

17. 你对学校食堂是否满意(　　)

A. 非常满意　　B. 比较满意　　C. 一般　　D. 比较不满意

E. 非常不满意

如果你对学校食堂不满意，原因是（不定项选择）（　　）

A. 价格贵　　B. 质量差　　C. 口味差　　D. 环境差

E. 服务差

18. 你对学校提供的学生宿舍是否满意（　　）

A. 非常满意　　B. 比较满意　　C. 一般　　D. 比较不满意

E. 非常不满意

如果你对学校的宿舍不满意，原因是（不定项选择）（　　）

A. 收费高　　B. 环境差　　C. 拥挤　　D. 管理差

E. 宿舍条件差

19. 你对学校提供的运动场所是否满意（　　）

A. 非常满意　　B. 比较满意　　C. 一般　　D. 比较不满意

E. 非常不满意

20. 你对学校的校园环境是否满意（　　）

A. 非常满意　　B. 比较满意　　C. 一般　　D. 比较不满意

E. 非常不满意

如果你对学校的环境不满意，原因是（不定项选择）（　　）

A. 破旧　　B. 杂乱　　C. 拥挤　　D. 缺乏学习气氛

E. 其他

21. 是否有教授为你上课（　　）

A. 经常　　B. 有时　　C. 很少　　D. 从来没有

22. 是否有副教授为你上课（　　）

A. 经常　　　　B. 有时　　　　C. 很少　　　D. 从来没有

23. 是否有兼职老师为你上课（　　）

A. 经常　　　　B. 有时　　　　C. 很少　　　D. 从来没有

24. 所学专业开设的专业课能否满足你的需求（　　）

A. 完全符合　　B. 比较符合　　C. 一般　　　D. 比较不符合

E. 完全不符合

25. 学校开设的公选课能否满足你的需求（　　）

A. 完全符合　　B. 比较符合　　C. 一般　　　D. 比较不符合

E. 完全不符合

26. 你认为教师的教学方法如何（　　）

A. 很好　　　　B. 较好　　　　C. 一般　　　D. 较差　　　E. 很差

27. 你认为教师的教学态度如何（　　）

A. 很好　　　　B. 较好　　　　C. 一般　　　D. 较差　　　E. 很差

28. 你认为教师的教学水平如何（　　）

A. 很好　　　　B. 较好　　　　C. 一般　　　D. 较差　　　E. 很差

29. 你对实验课程的安排是否满意（　　）

A. 非常满意　　B. 比较满意　　C. 一般　　　D. 比较不满意

E. 非常不满意

30. 你对专业实习安排是否满意（　　）

A. 非常满意　　B. 比较满意　　C. 一般　　　D. 比较不满意

E. 非常不满意

31. 你对实习基地安排是否满意（　　）

A. 非常满意　　B. 比较满意　　C. 一般　　　D. 比较不满意

E. 非常不满意

校园活动

32. 你是否会在课前做好预习工作（　　）

A. 经常　　　　B. 有时　　　　C. 很少　　　D. 从来没有

33. 你是否会上课积极发言（   ）

   A. 经常　　　　B. 有时　　　　C. 很少　　　　D. 从来没有

34. 你是否会上课认真做好笔记（   ）

   A. 经常　　　　B. 有时　　　　C. 很少　　　　D. 从来没有

35. 你是否会按时完成作业（   ）

   A. 经常　　　　B. 有时　　　　C. 很少　　　　D. 从来没有

36. 你是否会在课后对课堂内容进行复习（   ）

   A. 经常　　　　B. 有时　　　　C. 很少　　　　D. 从来没有

37. 你是否会去图书馆借书（   ）

   A. 经常　　　　B. 有时　　　　C. 很少　　　　D. 从来没有

38. 你是否会查阅与专业相关的期刊论文（   ）

   A. 经常　　　　B. 有时　　　　C. 很少　　　　D. 从来没有

39. 你是否会关注与专业相关的新闻（   ）

   A. 经常　　　　B. 有时　　　　C. 很少　　　　D. 从来没有

40. 你是否会与同学结伴去自习（   ）

   A. 经常　　　　B. 有时　　　　C. 很少　　　　D. 从来没有

41. 你是否会与同学组成学习小组（   ）

   A. 经常　　　　B. 有时　　　　C. 很少　　　　D. 从来没有

42. 你是否会与同学讨论学到的知识（   ）

   A. 经常　　　　B. 有时　　　　C. 很少　　　　D. 从来没有

43. 你是否会与同学探讨人生理想和未来规划（   ）

   A. 经常　　　　B. 有时　　　　C. 很少　　　　D. 从来没有

44. 你是否会与同学分享困难，寻求心理安慰（   ）

   A. 经常　　　　B. 有时　　　　C. 很少　　　　D. 从来没有

45. 你是否会与不同专业的学生探讨学术问题（   ）

   A. 经常　　　　B. 有时　　　　C. 很少　　　　D. 从来没有

46. 总体来说，你和你同学之间的交往（   ）

   A. 经常　　　　B. 有时　　　　C. 很少　　　　D. 从来没有

47. 你是否会向老师请教问题（　　）
A. 经常　　　B. 有时　　　C. 很少　　　D. 从来没有

48. 你是否会与老师讨论作业（　　）
A. 经常　　　B. 有时　　　C. 很少　　　D. 从来没有

49. 你是否会与老师讨论未来规划（　　）
A. 经常　　　B. 有时　　　C. 很少　　　D. 从来没有

50. 老师是否会给你及时的反馈（　　）
A. 经常　　　B. 有时　　　C. 很少　　　D. 从来没有

51. 老师的反馈是否会给你动力（　　）
A. 经常　　　B. 有时　　　C. 很少　　　D. 从来没有

52. 你是否会为了达到老师的期望而努力（　　）
A. 经常　　　B. 有时　　　C. 很少　　　D. 从来没有

53. 你是否参与了老师的课题（　　）
A. 经常　　　B. 有时　　　C. 很少　　　D. 从来没有

54. 你是否与老师一起参与校园活动（　　）
A. 经常　　　B. 有时　　　C. 很少　　　D. 从来没有

55. 你是否与老师进行日常交流（　　）
A. 经常　　　B. 有时　　　C. 很少　　　D. 从来没有

56. 总体来说，你和你老师之间的交往（　　）
A. 经常　　　B. 有时　　　C. 很少　　　D. 从来没有

57. 你是否参与学术沙龙、论坛和讲座（　　）
A. 经常　　　B. 有时　　　C. 很少　　　D. 从来没有

58. 你是否参加社团活动（　　）
A. 经常　　　B. 有时　　　C. 很少　　　D. 从来没有

59. 你是否参与学生会的工作（　　）
A. 经常　　　B. 有时　　　C. 很少　　　D. 从来没有

60. 你是否参加志愿者活动（　　）
A. 经常　　　B. 有时　　　C. 很少　　　D. 从来没有

61. 你是否参加实习或社会实践工作（　　）

　　A. 经常　　　　B. 有时　　　　C. 很少　　　　D. 从来没有

个人成长收获

62. 你考取的国家计算机等级证书是（　　）

　　A. 四级　　　　B. 三级　　　　C. 二级　　　　D. 一级

　　E. 暂未考取

63. 你考取的国家英语等级证书是（　　）

　　A. 专业八级　　B. 专业四级　　C. 业余六级　　D. 业余四级

　　E. 暂未考取

64. 请根据你的情况，描述大学教育对你的能力的提升程度，请用1~5回答。（1. 很多　2. 比较多　3. 一般　4. 比较少　5. 很少）

　　品德修养（　　）

　　专业知识（　　）

　　专业技能（　　）

　　学习能力（　　）

　　动手能力（　　）

　　创新能力（　　）

　　团队与协作精神（　　）

　　实际工作能力（　　）

　　社会责任感（　　）

感谢您的参与！

参考文献

[1] 德里克·博克. 回归大学之道：对美国大学本科教育的反思与展望 [M]. 侯定凯等译. 上海：华东师范大学出版社，2008.

[2] 海迪·罗斯等. 清华大学和美国大学在学习过程指标上的比较：一种高等教育质量观 [J]. 清华大学教育研究，2009（2）.

[3] 马丁·特罗. 从大众高等教育到普及高等教育 [J]. 北京大学教育评论，2003（4）.

[4] 欧内斯特·博耶. 大学：美国大学生的就读经验 [M]. 徐梵译. 北京：北京师范大学出版社，1993.

[5] 欧内斯特·博耶. 美国大学教育：现状·经验·问题 [M]. 复旦大学高等教育研究所译. 上海：复旦大学出版社，1993.

[6] 白逸仙. 走向"以学生为中心"的评估模式 [J]. 中国高教研究，2014（11）.

[7] 鲍威. 扩招后中国高校学生的学习行为特征分析 [A]. 2008年中国教育经济学年会会议论文集 [C]. 2008.

[8] 鲍威. 未完成的转型——普及化阶段首都高等教育的人才培养与学生发展 [J]. 北京大学教育评论，2010（1）.

[9] 鲍威. 学生眼中的高等院校教学质量——高校学生教学评估的分析 [J]. 北大教育经济研究，2008（2）.

[10] 陈琼琼. 大学生参与度评价：高教质量评估的新视角——美国"全国学生参与度调查"的解析 [J]. 高教发展与评估，2009（1）.

[11] 陈向明. 在行动中学作质的研究 [M]. 北京：教育科学出版社，2000.

[12] 陈玉琨等. 高等教育质量保障体系概论 [M]. 北京：北京师范大学出版社，2004.

[13] 程明明，常桐善，黄海涛. 美国加州大学本科生就读经验调查项目解析 [J]. 清华大学教育研究，2009（6）.

[14] 褚宏启. 中国教育管理评论 [M]. 北京：教育科学出版社，2011.

[15] 窦心浩，金子元久. 解读当代日本大学生的学习行为与意识——简析2007年度日本全国大学生调查 [J]. 复旦教育论坛，2011（9）.

[16] 方惠坚，范德清. 清华大学发展研究报告（2000年）：中国高等教育的改革与发展 [M]. 北京：清华大学出版社，2001.

[17] 菲利普·G. 阿尔特巴赫. 私立高等教育：从比较的角度看主题和差异 [J]. 教育展望，2000（3）.

[18] 菲利普·G. 阿特巴赫，帕特丽夏·J. 冈普奥特，D. 布鲁斯·约翰斯通. 为美国高等教育辩护 [M]. 别敦荣，陈艺波主译. 青岛：中国海洋大学出版社，2007.

[19] 弗兰克·罗德斯. 创造未来：美国大学的作用 [M]. 北京：清华大学出版社，2007.

[20] 甘晖，王建廷，金则欣等. 战略机遇期高等学校的定位及其分层管理探析 [J]. 中国高等教育，2004（8）.

[21] 龚放，吕林海. 中美研究型大学本科生学习参与差异的研究 [J]. 高等教育研究，2012（9）.

[22] 龚放. 聚焦本科教育质量：重视"学生满意度"调查 [J]. 江苏高教，2012（1）.

[23] 郭丽君，吴庆华. 中外大学比较 [M]. 北京：经济管理出版社，2012.

[24] 郭丽君. 地方高校发展的困境与战略选择 [J]. 现代大学教育，2009（5）.

[25] 国家中长期教育改革和发展规划纲要（2010~2020年）[EB/OL]. http://www.gov.cn/jrzg/2010-07-29/content_1667143.htm, 2010-07-29.

[26] 国务院批转教育部《面向21世纪教育振兴行动计划》的通知[EB/OL]. http://gov.hnedu.en/web/0/200808/29112231562.html, 2008-08-29.

[27] 黄美娟. 美国"全国大学生学习性投入调查（NSSE）"研究[D]. 上海：上海师范大学硕士学位论文, 2014.

[28] 贾志兰, 杜作润. 国外高教改革探析[M]. 上海：上海大学出版社, 2001.

[29] 教育部：2012年全国教育事业发展统计公报[EB/OL]. http://news.xinhuanet.com/edu/2013-08/17/c_125187624_2.htm.

[30] 金子元久. 大学教育力[M]. 上海：华东师范大学出版社, 2007.

[31] 李冰梅, 格兰德·克尔夫人. 中美大学学生学习观念比较与启示[J]. 比较教育研究, 2003（7）.

[32] 李莹莹. 基于学生参与度视角的大学生分类研究[D]. 武汉：华中科技大学硕士学位论文, 2013.

[33] 刘华蓉. 中科院院士杨家福教授谈教育[J]. 新华文摘, 2000（6）.

[34] 刘献君. 论"以学生为中心"[J]. 高等教育研究, 2012（8）.

[35] 陆根书, 胡文静, 闫妮. 大学生学习经历：概念模型与基本特征[J]. 高等教育研究, 2013（8）.

[36] 罗建平, 马陆亭. 高校学生类型与学习行为关系[J]. 国家教育行政学院学报, 2013（8）.

[37] 罗晓燕, 陈洁瑜. 以学生学习为中心的高等教育质量评估——美国NSSE"全国学生投入调查"解析[J]. 比较教育研究, 2007（10）.

[38] 罗燕等. 国际比较视野中的高等教育测量——NSSE-China工具的开发：文化适应与信度、效度报告[J]. 复旦教育论坛, 2009（5）.

[39] 吕林海. 国际视野下的本科生学习结果评估[J]. 比较教育研究, 2012（1）.

[40] 潘懋元. 大学教育质量的理论与实践研究 [M]. 广州：广东高等教育出版社，2009.

[41] 全国教育科学规划领导办公室. 当前大学生学习环境调查与研究成果公报 [J]. 当代教育论坛，2010（2）.

[42] 时明德. 中国教学型大学的特征 [J]. 信阳师范学院学报，2006（4）.

[43] 史静寰，文雯. 清华大学本科教育学情调查报告2010 [J]. 清华大学教育研究，2012（1）.

[44] 史静寰. 关注学习过程，研究学习性投入 [N]. 中国教育报，2009-11-24.

[45] 孙庆雯. 学生学习经验与本科教育质量的相关度研究 [D]. 武汉：华中科技大学硕士学位论文，2011.

[46] 唐佩. 雅斯贝尔斯的大学理念及其启示 [J]. 高等教育研究，2008，25（1）.

[47] 唐巍华. 华中科技大学大学生学习投入度研究 [D]. 武汉：华中科技大学硕士学位论文，2011.

[48] 王胜今. 转型期我国大学人才培养模式的若干思考 [J]. 大学教育科学，2010（2）.

[49] 邬大光. 高等教育大众化理论的内涵与价值——与马丁·特罗教授的对话 [J]. 高等教育研究，2003（6）.

[50] 吴家玮等. 高等教育机构的全系列 [M]. 北京：北京大学出版社，1999.

[51] 武书连等. 2004中国大学评价 [J]. 科学学与科学技术管理，2002（5）.

[52] 夏敏，朱爱军. 现代大学制度与大学文化 [M]. 沈阳：辽宁人民出版社，2005.

[53] 徐同文. 现代大学经营之道 [M]. 北京：人民教育出版社，2006.

[54] 阳铃. 英国"以学生为中心"的高校教学质量建设研究 [D]. 南

昌：江西师范大学硕士学位论文，2013.

[55] 杨彩霞，邹晓东．以学生为中心的高校教学质量保障：理念建构与改进策略［J］．教育发展研究，2015（3）．

[56] 杨钋，许申．本专科学生能力发展的对比研究——基于"2008 年首都高校学生发展状况调查"相关数据的分析［J］．教育发展研究，2010（5）．

[57] 杨树兵．民办高校发展战略和政策需求研究——基于核心竞争力理论之视角［M］．南京：江苏大学出版社，2009．

[58] 于海，钟晓华．上海大学生发展研究［J］．复旦教育论坛，2008（1）．

[59] 余东升．评估一流的本科教育：路径与价值——美国的经验及其意义［J］．高等工程教育研究，2012（3）．

[60] 喻恺，吴雪．学生体验：英国高等教育质量保障体系的新内容［J］．中国高教研究，2009（5）．

[61] 张创新．社会调查理论与方法［M］．长春：吉林大学出版社，2003．

[62] 张强，鲁甜．我国高校学科建设规划的研究综述［J］．南通大学学报（教育科学版），2009（3）．

[63] 章建石．大学生就读经验：高教质量评估的核心［N］．科学时报，2007-01-23．

[64] 中共中央国务院关于深化教育改革全面推进素质教育的决定［EB/OL］．http：//www.jyb.cn/mfo/jyzck/200602/t20060219_10716.html，2006-02-19．

[65] 周光礼，黄容霞．教学改革如何制度化［J］．高等工程教育研究，2013（5）．

[66] 周作宇，周廷勇．大学生就读经验：评价高等教育质量的一个新视角［J］．大学·研究与评价，2007（1）．

[67] 朱新称，潘东明．高等学校教学评估与督导［M］．广州：广东高

等教育出版社, 2006.

[68] 邹杰梅, 徐优. 校园环境支持度研究——以西南大学为例 [J]. 兰州教育学院学报, 2012 (1).

[69] AAU&U. The Quality Imperative: Match Ambitious Goals for College Attainment with an Ambitious Vision for Learning [R]. Washington DC: AAC&U, 2010.

[70] Astin A. W. Student Involvement: A Developmental Theory for Higher Education [J]. Journal of College Student Development, 1999, 40 (5).

[71] Austin A. W. Excellence and Equity in American Education [Z]. National Commission on Excellence in Education. Washington, DC, 1984.

[72] Baxter Magolda. Making Their Own Way: Narratives for Transforming Higher Education to Promoteself-development [M]. Sterling, VA: Stylus, 2004.

[73] Bray M., Lee W. O. Education and Socio-Political Transitions in Asia: Diversity and Commonality [J]. Asia-Pacific Journal of Education, 1996, 16 (1).

[74] CHEA Institute for Research and Study of Accreditation and Quality Assurance. Statement of Mutual Responsibilities for Student Learning Outcomes: Accreditation, Institutions and Programs [M]. Washington, D.C.: Council for Higher Education Accreditation, 2003.

[75] Chickering A. W., Gamson Z. F. Seven Principles for Good Practices in Undergraduate Education [J]. AAHE Bulletin, 1987, 39 (7).

[76] Coates H., Richardson S. An International Assessment of Bachelor Degree Graduates' Learning Outcomes [J]. Higher Education Managenment and Policy, 2011 (3).

[77] Cole D. Do Interracial Interactions Matter? An Examination of Student—Faculty Contact and Intellectual Self Concept [J]. Journal of Higher Education, 2007, 78 (3).

[78] Council for Higher Education Accreditation. Student Learning Outcomes

Workshop [R]. The CHEA Chronicle, 2002, 5 (2).

[79] Cronbach L. J. Coefficient Alpha and the Internal Structure of Tests [J]. Psychometrika, 1951 (3).

[80] Effective Education Practice [J/OL]. http: //nsse. iub/pdf/nsse_benchmarks. pdf, 2010-10-19.

[81] Garland P. H. , Thomas W. G. New Perspectives for Student Affairs Professionals: Evolving Realities, Responsibilities and Roles [R] //ASHE-ERIC Higher Education Report No. 7. Washington, D. C. : The George Washington University, School of Education and Human Development, 1993.

[82] Gonyea R. M. The Relationship Between Student Engagement and Selected Desirable Undergraduate Outcomes in the First Year of College [Z]. Indiana University, 2005.

[83] Harper S. R., Quaye S. J. Student Engagement in Higher Education: Theoretical Perspective and Practical Approaches for Diverse Population [M]. New York: Routledge, 2009.

[84] http: //cseq. iub. edu/index/cfm.

[85] http: //daikei. p. u-tokyo. ac. jp/.

[86] http: //nees. iub. edu/index/cfm.

[87] http: //www. csu. edu. cn/xxgk. htm.

[88] http: //www. hut. edu. cn/cn/xxgk/xxgk. asp.

[89] Karl Jaspers. The Idea of University [M]. London: Peter Owen Ltd. , 1965.

[90] Korkmaz A. Does Student Engagement Matter to Student Success? [D]. Unpublished Ph. D. Diss. Indiana University, 2007.

[91] Kuh G. D. What Student Affairs Professionals Need to Know About Student Engagement [J]. Journal of College Student Development, 2009, 50 (9).

[92] Kuh G. Assessing What Really Matters to Student Learning : Inside the National Survey of Student Engagement [J]. Change, 2001 (5/6).

[93] Kuh G. D. Making Students Matter [M] //J. C. Burke (Ed.), Fixing the Fragmented University: Decentralization with Direction, Bolton: Jossey-Bass, 2006.

[94] LaNasa S., Cabrera A., Transgrud H., Alleman N. Engagement as a Proxy for Learning : Testing Pascarella's Model of Engagement Using NSSE Items [R]. Paper Presented at Annual Meating of the Association for the Study of Higher Education, Louisville, KY, 2007.

[95] Matin G. L., Seifer T. A. The Relationship Between Interactions with Student Affairs Professional and Cognitive Development in the First year of College [Z]. ASHE, 2009.

[96] Pascarella E. T., Terenzini P. T. How College Affects Students: Findings and Insights from Twenty Years of Research [M]. San Francisco: Jossey-Bass Publishers, 2005.

[97] Pascarella E. T. College Environmental Influences on Learning and Cognitive Development: A Critical Review and Synthesis [M] //J. C. Smart (Ed.). Higher Education: Handbook of Theory and Research (Vol. 1). New York: Agathon, 1985.

[98] Richard James. Students and Student Learning in Mass Systems of Higher Education, Survey [EB/OL]. http: //www. cshe. unimelb. edu. au/people/ staff_ pages/James/James. html, 2007.

[99] Ruben B. D. Quality in Higher Education [M]. New Brunswick, U. S. A. : Transaction Publishers, 1995.

[100] SERU. History of the SERU Project and UCUES [EB/OL]. http: //cshe. berkeley. edu/research/seru/history. htm, 2010-05-15.

[101] SERU. Report on the Results of the 2008 University of Cali-fomia Undergraduate ExperienceSurvey [DB/OL]. http: //cshe. berkeley. edu/publications/docs/SERU_EngagedLearningREPORT_2010. pdf, 2010-02.

[102] SERU. SERU - United States Consortium [EB/OL]. http: //cshe.

berkeley. edu/research/seru/consortium. htm, 2010-05-12.

[103] Shouping Hu, George D. Kuh. Maximizing What Students Get Out of College: Testing a Learning Productivity Model [J]. Journal of College Student Development, 2003, 44 (2).

[104] The Boyer Commission on Education Undergraduates in the Research University. Reinventing Undergraduate Education: A Blueprint for America's Research University [EB/OL]. http://naples. cc. sunysb. edu/Pres/boyer. nsf, 1998.